Ana Paula Pinto
de Carvalho

Empreendedorismo para jornalistas:
modelos de negócio, gestão e inovação

Editora intersaberes

O selo DIALÓGICA da Editora InterSaberes faz referência às publicações que privilegiam uma linguagem na qual o autor dialoga com o leitor por meio de recursos textuais e visuais, o que torna o conteúdo muito mais dinâmico. São livros que criam um ambiente de interação com o leitor – seu universo cultural, social e de elaboração de conhecimentos –, possibilitando um real processo de interlocução para que a comunicação se efetive.

EDITORA intersaberes

Rua Clara Vendramin, 58 . Mossunguê
CEP 81200-170 . Curitiba . PR . Brasil
Fone: (41) 2106-4170
www.intersaberes.com
editora@editoraintersaberes.com.br

Conselho editorial
Dr. Ivo José Both (presidente)
Dr.ª Elena Godoy
Dr. Neri dos Santos
Dr. Ulf Gregor Baranow

Editora-chefe
Lindsay Azambuja

Supervisora editorial
Ariadne Nunes Wenger

Analista editorial
Ariel Martins

Preparação de originais
Gilberto Girardello Filho

Edição de texto
Floresval Nunes Moreira Junior
Camila Rosa

Capa e projeto gráfico
Charles L. da Silva

Diagramação
André Feijó – Mango Design

Equipe de *design*
Sílvio Gabriel Spannenberg
Iná Trigo

Iconografia
Sandra Lopis da Silveira
Regina Claudia Cruz Prestes

Dados Internacionais de Catalogação na Publicação (CIP)
(Câmara Brasileira do Livro, SP, Brasil)

Carvalho, Ana Paula Pinto de
  Empreendedorismo para jornalistas: modelos de negócio, gestão e inovação/Ana Paula Pinto de Carvalho. Curitiba: InterSaberes, 2020. (Série Excelência em Jornalismo)

  Bibliografia.
  ISBN 978-85-227-0212-1

  1. Empreendedorismo 2. Jornalismo autônomo 3. Jornalistas 4. Negócios I. Título. II. Série.

19-30930   CDD-070.4

Índices para catálogo sistemático:
1. Empreendedorismo: Jornalismo   070.4

Cibele Maria Dias – Bibliotecária – CRB-8/9427

1ª edição, 2020.

Foi feito o depósito legal.

Informamos que é de inteira responsabilidade da autora a emissão de conceitos.

Nenhuma parte desta publicação poderá ser reproduzida por qualquer meio ou forma sem a prévia autorização da Editora InterSaberes.

A violação dos direitos autorais é crime estabelecido na Lei n. 9.610/1998 e punido pelo art. 184 do Código Penal.

Sumário

6	*Prefácio*
10	*Apresentação*
18	*Como aproveitar ao máximo este livro*

Capítulo 01
22 O profissional como empreendedor da própria carreira
24 A crise do emprego e o futuro do trabalho
30 Empreendedorismo como propósito de vida

Capítulo 02
51 Transformações ontem, hoje e amanhã
53 Sociedade, cultura e mídia: mudanças que influenciam na atuação do jornalista
62 Território internet: somos todos jornalistas?
70 Inovação como antídoto à obsolescência

Capítulo 03
87 Configurações do jornalista empreendedor
89 O jornalista empreendedor
92 Jornalismo autônomo

97	Assessoria de imprensa
107	Comunicação interna
117	Portais de notícia
130	Comunicação direcionada a nichos

Capítulo 04

138 Formatos inovadores e multidiscipinares de atuação

140	*Digital influencers*
147	*Marketing* de conteúdo
153	*Fact-checking*
158	Consultoria

Capítulo 05

171 Noções básicas para iniciar e gerir uma empresa de comunicação

173	Planejamento
180	Metodologias para alavancar o negócio
205	Plano de negócios: por onde começar
223	Gestão do negócio no dia a dia

Capítulo 06
246 Noções sobre legislação fiscal e processos formais para iniciar um empreendimento
- 248 Voo solo ou sociedade
- 250 Proteção da marca
- 256 Tipos de sociedade empresarial
- 269 Tributos
- 274 Contrato de prestação de serviço

- 281 *Considerações finais*
- 284 *Glossário*
- 286 *Referências*
- 298 *Apêndices*
- 311 *Respostas*
- 317 *Sobre a autora*

Prefácio

Quando pensamos em conteúdos relacionados à gestão de negócios em jornalismo, lembramos de uma disciplina ministrada por muitos anos em cursos de pós-graduação *lato sensu* de Comunicação Empresarial: Organizações e Mídia. Na ocasião, a proposta era discutir questões relacionadas à organização e seus representantes como fontes de informação, bem como a respeito da geração e da difusão de comunicação no setor produtivo.

Entre os temas em pauta, estavam aqueles ligados à comunicação integrada, como as novas realidades socioeconômicas, a necessidade de conhecimento multidisciplinar por parte dos profissionais, o espírito empreendedor que possa ser despertado a quem quer atuar na área e a promoção de abordagens interdisciplinares nas organizações.

Ficamos contentes, agora, por apresentar este livro, de autoria de Ana Paula Pinto de Carvalho, jornalista competente, profissional organizada, empreendedora determinada e pesquisadora admirável. Ela consegue reunir nesta obra elementos que ajudam o leitor a entender que o jornalista pode analisar criticamente a relação entre as organizações e a mídia, bem como identificar comportamentos associados à cobertura de temas específicos por meio de pesquisas de comunicação com ênfase na responsabilidade social de todos os envolvidos em negócios organizacionais.

Mário Rosa (2006, p. 140), no livro *A reputação na velocidade do pensamento*, escreveu: "O que traduz uma imagem são os valores associados a ela". Isso significa que é constante a necessidade de associar valores positivos à imagem organizacional. Trata-se de uma atividade permanente que não deve ser encarada apenas pelos mais altos gestores da empresa, e sim por todos aqueles, direta ou indiretamente, ligados à instituição.

Contudo, não podemos confundir exercícios de vaidade ou autopromoção como se fossem valores positivos e imaginar que isso, necessariamente, terá influência positiva em nossa imagem. Devemos também lembrar que os valores não são fixos, isto é, podem mudar. Assim, novos valores são capazes de modificar velhas imagens (Rosa, 2006). O jornalista, quando empreendedor, pode atuar nas ou para as organizações como gestor. Além de dominar técnicas que envolvem todos os estágios das rotinas produtivas, o jornalista precisa saber gerir.

Convém sempre lembrar, no entanto, que esse profissional da comunicação não ignora os fatos, não os superdimensiona, não os manipula e nem mente em relação a eles. Portanto, sabe lidar com questões que surgem frente ao interesse público, respeitando e atendendo os cidadãos. Tal característica pautará suas atividades no tipo de negócio em que ele quiser trabalhar.

Atualmente, vivemos sempre em público – no mundo digital, parece que o fim dos segredos foi decretado. Assim, devemos considerar que, em qualquer planejamento, não é possível desprezar a tecnologia; precisamos romper com velhos condicionamentos ao adquirir novos conhecimentos; convém adotarmos preventivamente uma forma de conduta que obedeça a uma nova ética; mentiras não podem ser aceitas; a construção de uma marca deve ter um significado claro e positivo diante do olhar do público; os negócios devem ser mais transparentes; o passado não pode ser esquecido; devemos viver na realidade concreta e na dimensão da informação em tempo real; precisamos aprender a ver de outras maneiras e, com isso, também a nos expor de novas maneiras (Rosa, 2006).

Nesse sentido, há desafios a serem enfrentados, tais como: criar uma cultura de comunicação; construir e consolidar o relacionamento com os pares e com a mídia; construir imagem e reputação positivas; definir estratégias, estruturas, operações e investimentos (Viana, 2004). Nesse processo, a ética é condição para o exercício das atividades que exigem transparência e a contínua prestação de contas à sociedade.

Neste livro, você vai encontrar as informações necessárias para atuar como um gestor de negócios em jornalismo. Sem se afastar dos princípios que regem a nossa profissão, você conhecerá as peculiaridades de um negócio, bem como aprenderá a importância de levar em consideração questões de planejamento, legislação, gestão de recursos e de pessoas. Ainda, terá contato com depoimentos de profissionais da área que empreenderam e são donos de seus próprios negócios, bem como com aqueles que atuam na prestação de serviços ou, ainda, que se reinventaram ao enfrentar crises no ambiente de trabalho.

Ana Paula Pinto de Carvalho estruturou o texto de maneira a proporcionar ao leitor o conhecimento sobre onde atuar como empreendedor se houver necessidade de ajustar a carreira, mas também para auxiliar aqueles que já querem dar os primeiros passos na área sem passar por organizações em operação. Os desafios são muitos, mas são importantes para quem souber vencê-los. Uma boa maneira para começar é seguir a leitura da presente obra. Nós nos vemos por aí. O mercado aguarda. Faça sucesso como gestor!

Mônica Fort
Jornalista, professora e pesquisadora em comunicação

Apresentação

Você acha difícil encontrar um jornalista sem criticidade, que não questiona o *status quo* e segue comportamentos padronizados? É justamente aí que você se engana. Quando se trata de administrar a própria carreira, em pleno século XXI, pode-se notar alguns jornalistas guiados pelos preceitos dos donos de veículos jornalísticos, predestinados a um mesmo fim: passar a vida toda lutando pela valorização do piso salarial de sua categoria, iludidos em ostentar a verdade como baluarte, que passa antes pelo crivo dos donos de jornal, TV, rádio e demais mídias. No entanto, há outros profissionais que já vislumbram novas possibilidades e novos cenários de atuação, em virtude da globalização e da internet. Tais cenários serão explorados no decorrer deste livro.

Romper os grilhões, no entanto, não só é possível como também representa a nova ordem global diante da necessidade de que os profissionais sejam protagonistas de si mesmos, em que a escolha do propósito de vida e da carreira esteja nas mãos deles, e não mais nas de terceiros. A boa nova é a liberdade de exercer a profissão do modo que melhor convir.

Nesse sentido, este livro representa um verdadeiro marco na literatura para os comunicadores, uma vez que é rara, no campo do empreendedorismo, uma obra voltada especificamente à comunicação. Embora haja publicações sobre empreendedorismo, elas são amplas e pouco direcionadas para os jornalistas que vislumbram abrir um negócio em comunicação.

Não bastasse isso, associar empreendedorismo e jornalismo na mesma sentença soa quase como uma heresia na visão dos profissionais ortodoxos, visto que o modelo mental foi bem formatado pelos empresários da mídia e pela formação acadêmica convencional. Em outros tempos, era comum deixar bem claro no ambiente de trabalho a separação entre "comercial" e "redação", em uma espécie de faz de conta em que o salário dos jornalistas não vinha dos anunciantes.

Atualmente, vivemos a era da publicidade nativa, do *branded content*[1], da mídia programática[2] e do conteúdo patrocinado[3], diluindo as fronteiras que existiam entre "comercial" e "redação". Parte-se, assim, para uma nova abordagem no jornalismo, um setor que disputa com outros *players* do mercado uma fatia da

---

1 *Branded content* significa *marketing* de conteúdo e tem como objetivo oferecer conteúdo relevante ao usuário ou cliente que não necessariamente tenha contato com a marca ou empresa (Markeninjá, 2016).
2 Mídia programática é uma forma de segmentar o tipo de público no qual será exibida a publicidade, de acordo com critérios demográficos, sociais e de comportamento (Webinsider, 2019).
3 Refere-se a todas as atividades de comunicação de marca que um consumidor aceita como relevante para ele. Enquanto na propaganda a marca tenta criar uma conexão emocional, no conteúdo patrocinado isso é feito por meio de conteúdo que as pessoas buscam e querem ver (Barbosa, 2016).

atenção do consumidor que, cada vez mais, tem alternativas para obter informação.

Quem encontrar essa fórmula para que o consumidor pague pelo conteúdo talvez seja o próximo unicórnio das *startups*, aqueles modelos de negócios inspirados pelo Vale do Silício e que ganham essa denominação ao atingir o valor de mais de US$ 1 bilhão no mercado. O que sempre moveu o jornalista – sua curiosidade, sua inquietude, seu espírito libertário – pode ser o ponto de partida para se lançar no desafio da economia criativa, disruptiva e em constante VUCA (ou VICA, em português), que é um mundo caracterizado por **v**olatilidade, **i**ncerteza, **c**omplexidade e **a**mbiguidade.

Por isso, nesta obra, não apenas propomos reflexão, mas também fornecemos um guia norteador das várias oportunidades que estão sendo abertas aos comunicadores, a exemplo da atividade de *fact-checkers*, profissionais responsáveis por checar se determinada notícia é falsa ou verdadeira, tamanha é a quantidade de *fake news* em circulação nos dias de hoje.

Além disso, há muitos outros segmentos que podem ser criados para o jornalista e que talvez atualmente ainda não sejam conhecidos, embora saibamos que o futuro está relacionado a quebrar paradigmas e mitos criados em torno dos próprios profissionais. É para essas novas oportunidades que este livro pretende prepará-lo, porque, afinal, a sorte é a soma de fatores como preparo e oportunidade. Por isso, esteja pronto para tirar o máximo proveito desta obra e abra sua visão para um novo cenário disruptivo e inovador.

Assim, este livro estrutura-se em seis capítulos que vão do aspecto global ao específico, como um funil para tratar das especificidades da profissão. No decorrer dos capítulos, mostramos o resultados de entrevistas que fizemos com diversos profissionais que vivenciaram a transição do jornalismo e hoje têm histórias de sucesso para compartilhar, enquanto outros ainda estão buscando sua forma de rentabilizar a paixão pelo jornalismo e serem remunerados por isso. Todos em suas diferentes fases, mas com um olhar lançado ao futuro. Desistir? Essa palavra não existe no dicionário de jornalistas e nem de empreendedores.

Dessa forma, no Capítulo 1, buscamos abordar o jornalista como empreendedor da sua própria carreira, revisitando a crise do emprego e o futuro do que se convencionou chamar de *trabalho*, além de trazermos questionamentos sobre o propósito de vida ao empreender. Já no Capítulo 2, tratamos das transformações ocorridas, em especial na tríade *sociedade, cultura e mídia*, como elementos impulsionadores de iniciativas empreendedoras. Também fazem parte das reflexões desse capítulo o fim do monopólio e do discurso unidirecional detido pelo jornalismo e o campo aberto possibilitado pela internet e pela globalização da informação, terreno no qual somos todos jornalistas. Por fim, apresentamos uma análise sobre a inovação que levou o jornalismo e seus profissionais a se reinventarem, em um processo contínuo de aprendizado.

No Capítulo 3, traçamos as oportunidades para o jornalista empreendedor, essa figura híbrida ainda em construção. Detalhamos as clássicas áreas de atuação do profissional e explicamos como atuar na condição de jornalista autônomo e de assessor de imprensa. Na sequência, abordamos de que forma explorar o campo da comunicação interna e liderar como empreendedor os portais de notícia e veículos direcionados a nichos. Esses são alguns formatos já conhecidos pelos profissionais que partem para se tornar empreendedores. A diferença está no posicionamento como empreendedor da própria carreira, colocando-se como estrategista mais do que como um profissional operacional – postura antes comum no mercado de trabalho. Essa mudança de apresentação diante das oportunidades é essencial para o jornalista empreendedor.

No Capítulo 4, exploramos a multidisciplinaridade que caracteriza a profissão de jornalista, já que essa ocupação nos permite transitar em diversos campos empresariais. Esse profissional pode se tornar *digital influencer*, por exemplo, ao dominar nichos de mercado com maestria. E não se trata aqui de se tornar blogueiro, mas, sim, um jornalista especializado em determinado tema. O próprio *branded content* é outra estratégia para aliar conteúdo de forma imersiva e não invasiva, como nas peças de publicidade de *marketing* digital, utilizando conteúdo para atrair o cliente. Aqui, vale a máxima de que o conteúdo é, sim, o rei. Nesse capítulo, também desbravamos o cenário que se abre para quem tem perfil para atuar com o setor de *fact-checking*, o trabalho de confirmar se determinada notícia é falsa ou verdadeira com base em uma metodologia de apuração que caracteriza a sistemática de trabalho do jornalista profissional. Diante da observação de áreas de interesse que exploram *fake news* e mesmo considerando seu uso massivo em campanhas eleitorais, em especial, é possível que haja um grande campo de atuação para jornalistas *fact-checkers* daqui em diante. Para encerrar o capítulo, discorremos sobre o mundo da consultoria, sempre uma área interessante para jornalistas mais experientes que podem colocar a serviço das empresas sua visão de mundo a favor da construção de credibilidade e de reputação. Nesse campo, os estudos de caso apresentados no capítulo demonstram que há mercado para quem ousa ir além.

No Capítulo 5, abordamos as noções básicas para iniciar e gerenciar uma empresa de comunicação. A esse respeito, observamos muitas lacunas na formação acadêmica quando o assunto é empreendedorismo. Aliás, o jornalista empreendedor é tido quase como um herege nos bancos acadêmicos convencionais. Muitos dos entrevistados, nos estudos de caso, contaram que "deram certo" na carreira por muita insistência e resiliência, porque tiveram de aprender por si sós e depois de muitas tentativas e erros. Por isso, para um melhor entendimento por parte de quem está se deparando com esse tema pela primeira vez, as informações técnicas da área de administração foram tratadas de maneira mais palatável, na intenção de serem facilmente assimiladas. O mesmo raciocínio foi aplicado para a descrição das etapas do planejamento e das diversas metodologias para a elaboração de um plano de negócios, tudo ilustrado com exemplos de aplicabilidade. Nesse capítulo, também damos algumas orientações sobre o dia a dia do negócio, que, se forem observadas, trarão forte impacto nos resultados, por exemplo: uma gestão eficiente do tempo e da equipe, estratégias de prospecção de clientes e precificação, escolhas decisivas para um empreendimento consistente, entre outras.

No Capítulo 6, condensamos todos os dados sobre legislação fiscal e processos contábeis para a abertura formal de um empreendimento válidos atualmente. É importante notar que esse campo é muito dinâmico e sofre oscilações ao sabor das mudanças políticas e governamentais. Para tal, foram utilizadas as próprias experiências dos entrevistados nos estudos de caso, quando questionados sobre a decisão de um voo solo ou por meio de sociedade, além dos necessários pontos de atenção. Aliás, todos os tópicos desse capítulo foram elaborados para que você acerte mais do que erre e conheça os atalhos utilizados por quem já trilhou esse caminho e viveu na pele os percalços encontrados, minimizando os riscos. Por isso, detalhamos os tipos de sociedade, os tributos envolvidos, alguns investimentos necessários no início do empreendimento e a importância de elaboração de contratos para a prestação de serviço firmados entre as partes, além da necessidade de um contrato social bem-redigido.

Esperamos que este livro sirva de bússola para guiar os jornalistas dos novos tempos, que são profissionais dos mais resilientes, críticos e com uma visão macro da realidade. Por isso mesmo, esta publicação é um convite para ir além. Como diz Ciro Marcondes Filho (2009, p. 10), "ser jornalista é malhar, ralar, se estressar, se decepcionar, não ser reconhecido, se frustrar, recomeçar tudo outra vez, tentar novamente, continuar". É assim na profissão, é assim no empreendedorismo. É exatamente por essa razão é que jornalistas são seres talhados para o trabalho duro, nas redações, nos portais de internet, nas TVs, nos rádios ou, ainda, nos próprios empreendimentos.

Desejamos a você uma boa leitura.

Como aproveitar ao máximo este livro

Empregamos nesta obra recursos que visam enriquecer seu aprendizado, facilitar a compreensão dos conteúdos e tornar a leitura mais dinâmica. Conheça a seguir cada uma dessas ferramentas e saiba como elas estão distribuídas no decorrer deste livro para bem aproveitá-las.

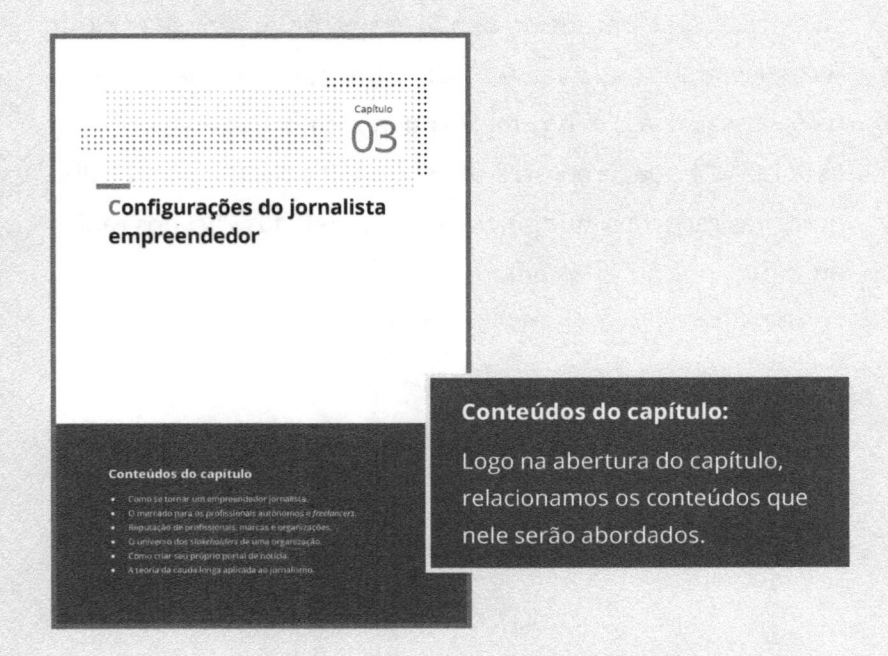

Capítulo
03

Configurações do jornalista empreendedor

Conteúdos do capítulo
- Como se tornar um empreendedor jornalista.
- O mercado para os profissionais autônomos e *freelancers*.
- Reputação de profissionais, marcas e organizações.
- O universo dos stakeholders de uma organização.
- Como criar seu próprio portal de notícia.
- A teoria da cauda longa aplicada ao jornalismo.

Conteúdos do capítulo:
Logo na abertura do capítulo, relacionamos os conteúdos que nele serão abordados.

Empreendedorismo para jornalistas: modelos de negócio, gestão e inovação

Após o estudo deste capítulo, você será capaz de:

1. compreender as mudanças ocorridas na tríade sociedade, mídia e cultura;
2. refletir sobre a fronteira difusa entre a atividade dos jornalistas profissionais e a de outros emissores de opinião;
3. identificar a hiperfragmentação da informação nos dias de hoje e a relação dessa característica com o modelo de negócio jornalístico;
4. verificar novos modelos jornalísticos por meio da inovação.

No jornalismo, as rupturas foram ainda mais abruptas e, de leitor, telespectador e ouvinte, o consumidor de informação se tornou internauta e passou a depender cada vez menos de jornalistas para se manter informado. Mais ainda: ele mesmo tornou-se conteudista, difundindo informações e, em alguns casos, sendo *digital influencer*. O fato é que essa evolução das relações impõe a necessidade de reinvenção diária, e isso traz diversas consequências, tanto ao profissional jornalista quanto aos novos profissionais que agora ampliam seu escopo para incorporar a inovação ao fazer jornalístico como antídoto à obsolescência.

Após o estudo deste capítulo, você será capaz de:

Antes de iniciarmos nossa abordagem, listamos as habilidades trabalhadas no capítulo e os conhecimentos que você assimilará no decorrer do texto.

4.1 O profissional como empreendedor da própria carreira

Estudo de caso

De jornalista à empreendedora: como fazer essa transição?

Uma história para ilustrar as escolhas e os desafios de empreender é a da jornalista Alessandra Assad. A profissional atuou em várias áreas do jornalismo. Tem experiência em rádio e televisão, foi correspondente do *Jornal do Brasil*, no Paraná, e lecionou em algumas faculdades. Mas foi como chefe de redação de uma das maiores revistas especializadas em vendas do Brasil que ela se apaixonou pelo tema e foi se aprofundando nessa área. Resultado: atualmente, ela percorre o país como palestrante nas áreas de gestão, liderança e comportamento organizacional, além de ser professora e autora de vários artigos sobre liderança, gestão de mudanças, motivação e, claro, vendas.

No entanto, a veia empreendedora de Alessandra Assad foi surgindo aos poucos, durante muitos anos em contato com grandes referências, como Michael Porter, Ram Charan, Jim Collins, Jack Welch e outros grandes gurus de liderança. Foi então que Alessandra fundou, em 2006, a empresa Assim Assad Desenvolvimento Humano, para atuar a princípio como palestrante. "Depois disso, minha carreira começou a decolar e, em 2007, lancei *Atreva-se a mudar*, meu primeiro livro" (Assad, 2019).

Estudo de caso

Nesta seção, relatamos situações reais ou fictícias que articulam a perspectiva teórica e o contexto prático da área de conhecimento ou do campo profissional em foco com o propósito de levá-lo a analisar tais problemáticas e a buscar soluções.

Para saber mais

TV FOLHA. **Sem internet**: jornalista da Folha tenta fazer reportagem como em 95. 9 jul. 2015. Disponível em: <http://temas.folha.uol.com.br/folha-20-anos-na-internet/videos/sem-internet-jornalista-da-folha-tenta-fazer-reportagem-como-em-95.shtml>. Acesso em: 15 out. 2019.

Nas redações de jornais impressos, até por volta de 1995, como você acha que os jornalistas faziam para recorrer a informações antigas a fim de escrever uma nova matéria e recuperar cifras ou inflações de anos anteriores? Havia um departamento responsável por arquivar enormes volumes de jornais impressos que eram consultados sempre que necessário. Não havia *sites* de busca, nem mesmo internet. Isso demonstra, na prática, que o jornalista ostentava o *status* de um profissional que detinha poder, que decidia e mediava que tipo de informação seria levada a conhecimento público.

A reprodução dessa realidade das redações antes da internet pode ser conferida nessa matéria realizada pela reportagem da *Folha de S.Paulo*.

Tanto o jornalista quanto o dono do jornal viram-se extirpados da centralização das informações e de serem os únicos divulgadores dos acontecimentos na sociedade, na economia, na

Para saber mais

Sugerimos a leitura de diferentes conteúdos digitais e impressos para que você aprofunde sua aprendizagem e siga buscando conhecimento.

Síntese

Ao final de cada capítulo, relacionamos as principais informações nele abordadas a fim de que você avalie as conclusões a que chegou, confirmando-as ou redefinindo-as.

Síntese

Neste capítulo, abordamos o profissional como empreendedor da própria carreira, a crise do emprego e as possibilidades quanto ao futuro do que entendemos como *trabalho*. Estamos nos aproximando de uma nova onda de extinção do trabalho, migrando das atividades rotineiras, operacionais, para as que exigem maior cognição e criatividade. Mudanças sutis, mas perenes, que causam impacto no nosso dia a dia. Tratamos, ainda, do empreendedorismo como uma decisão para a vida, e não como uma saída ao desemprego ou à escassez no mercado de trabalho. Abrem-se novos horizontes aos profissionais que olham além e se preparam para o futuro. É o caso de *blogs*, *podcasts*, portais de conteúdo, entre outras atribuições. Se as redações fecham as portas, há possibilidades que se abrem no mercado corporativo, do empreendedorismo. Ao final deste capítulo, vimos que é preciso reunir algumas qualidades comportamentais para se tornar empreendedor: disposição para correr riscos, ter mais autonomia, ser inconformado, ter autorresponsabilidade, flexibilidade e foco. Frisamos que há grandes vantagens e desvantagens em se tornar empreendedor. Isso porque, diferentemente de ser funcionário, ser empreendedor é está com a cabeça direcionada ao negócio 24 horas por dia e 365 dias por ano. Por outro lado, há vantagens, como agenda flexível, autonomia e mais liberdade criativa. Há que se optar e ter muita perseverança, porque não se faz sucesso da noite para o dia.

Questões para revisão

Ao realizar estas atividades, você poderá rever os principais conceitos analisados. Ao final do livro, disponibilizamos as respostas às questões para a verificação de sua aprendizagem.

Questões para revisão

1. Com base nas pesquisas da Singularity University (Diamandis, 2015), quais são as mudanças no mundo do trabalho que podem causar impacto na sociedade?

2. Considerando os conceitos discutidos neste capítulo, explique o que podemos entender por visão empreendedora.

3. Analise as seguintes sentenças sobre empreendedorismo e assinale a única alternativa incorreta:
   a) O termo *empreendedorismo* vem da palavra francesa *entrepreneur*, que em inglês se tornou *entrepreneurship*, e abrange ideias de iniciativa e inovação, constituindo-se em uma forma de concepção de mundo e de agir nele.
   b) Empreendedor é alguém que prefere seguir caminhos não percorridos, que define a partir do indefinido, que acredita que seus atos podem gerar consequências.
   c) Um empreendedor geralmente nunca passou por empregos fixos ou cumpriu horário de segunda a sexta. Empreender é, portanto, uma habilidade com a qual a pessoa já nasce.

Questões para reflexão

Ao propor estas questões, pretendemos estimular sua reflexão crítica sobre temas que ampliam a discussão dos conteúdos tratados no capítulo, contemplando ideias e experiências que podem ser compartilhadas com seus pares.

Questões para reflexão

1. Você acredita ser possível que os robôs tomem o espaço hoje destinado aos jornalistas na estratégia de comunicação? Apresente suas argumentações.

2. Já existem *softwares* de inteligência artificial que produzem matérias jornalísticas. Qual impacto disso no setor?

3. Um jornalista tornar-se empreendedor é uma realidade ou trata-se de uma atividade que não cabe a esse profissional? Mostre os prós e contras para um jornalista que decide empreender.

4. Quais são as características intrínsecas ao jornalista que o potencializam como empreendedor?

5. Vivemos a era das *startups*. Você acredita que o jornalista empreendedor pode ser bem-sucedido em alguma iniciativa dessa natureza? Por quê?

Capítulo
01

O profissional como empreendedor da própria carreira

Conteúdos do capítulo

- Jornalismo e empreendedorismo: ressignificando a carreira.
- Uma visão do futuro sobre o emprego do amanhã.
- Como conciliar propósito, paixão e remuneração.

Após o estudo deste capítulo, você será capaz de:

1. compreender os cenários que envolvem o trabalho no momento atual e também no futuro;
2. refletir sobre o *status* do profissional como dono da própria carreira;
3. identificar o perfil empreendedor e as competências a desenvolver;
4. debater sobre a coexistência de jornalismo e empreendedorismo.

Para começar a tratar sobre empreendedorismo, em especial no jornalismo, cabe fazemos uma pergunta: O que faz você levantar – com energia – todos os dias? Qual é o seu propósito nessa vida? Por mais profunda que pareça essa pergunta, ela é necessária já no início deste livro. Sabe por quê? Ao vislumbrar um significado para nossas escolhas profissionais, conseguimos reunir a energia necessária para atingir esse objetivo, independente dos obstáculos pelo caminho. E, para empreender, é preciso ir muito além de uma ideia na cabeça. Nos bancos escolares, raramente consta na grade curricular o desenvolvimento de um pensamento empreendedor que nos leve a iniciativas próprias, incentivando-nos a sermos protagonistas das próprias carreiras.

A partir de agora, no decorrer deste capítulo e dos demais, vamos mudar essa realidade.

1.1
A crise do emprego e o futuro do trabalho

Nunca se falou tanto sobre emprego como agora, e não apenas na área jornalística. Todas as profissões são profundamente afetadas por essa discussão, mas esse não é um fenômeno contemporâneo. Em todas as épocas evolutivas, os instrumentos que facilitavam a vida do homem também representavam alterações na forma de conceber o trabalho humano. Você consegue imaginar quanto esforço braçal foi poupado quando o homem descobriu a roda e a eletricidade e inventou as charretes e os automóveis? Tecnologias sempre existiram ao longo da história da civilização e vêm sendo responsáveis por tornar a sociedade mais funcional. Com essas mudanças, cabe ao ser humano se dedicar a atividades que utilizem seu intelecto como prioridade, conforme ilustra Laloux (2017, p. 293):

> Desde o início da Revolução Industrial, as máquinas gradualmente substituíram a força muscular de trabalhadores humanos e cavalos. Agora, estamos entrando numa nova onda de extinção e criação de empregos, que traz impacto não somente nos trabalhos rotineiros como também em tarefas cognitivas e criativas.

Estudos globais mostram a escassez do trabalho em virtude da substituição de funções manuais por inteligência artificial, incluindo aprendizado de máquinas, tradução de linguagens, *softwares* de reconhecimento de fala e padrões. Gerações anteriores conseguem lembrar as redações lotadas com máquinas de escrever? Ou a quantidade de bancários que atendiam os clientes presencialmente? E as fábricas com centenas de trabalhadores na linha de montagem?

Tudo isso vem se alterando progressivamente e em um *continuum* – essas mudanças são sutis, quase imperceptíveis, mas passam a fazer parte do cotidiano. Quando menos esperarmos, apenas robôs estarão empregados nas linhas de produção. Vivemos uma crise do emprego, na qual 15,7 milhões de brasileiros serão afetados pela automação até 2030 (Perrin, 2018), e não é só no Brasil que isso acontece. No mundo todo, entre 400 e 800 milhões de pessoas devem perder seus empregos, o que corresponde a cerca de 11% a 23% da população mundial (Perrin, 2018). Além disso, em um breve futuro, é possível que as pessoas não desejem mais trabalhar em uma grande empresa, e isso demanda o desenvolvimento de aptidões de gestão e a tomada de atitudes (Hajkowicz et al., 2016).

Você imagina como ficará a função dos sindicatos nesse ambiente em que muito possivelmente não fará mais sentido mencionar acordos coletivos de trabalho ou greves? A fábrica da

Hyundai, no Alabama (EUA), por exemplo, foi fundada em 2005 e custou cerca de R$ 8 bilhões para estar totalmente robotizada. Da entrada da linha de produção até o final, ela é operada por robôs, ou seja, nenhum ser humano coloca a mão no veículo antes do futuro dono do automóvel.

E assim também tem sido em outras áreas do nosso dia a dia, como nas operações de *telemarketing*, em que atuam assistentes virtuais capazes de aprender sobre as nossas emoções e entender a entonação de voz dos seres humanos em seus diversos estados de espírito – apatia, alegria, fúria ou agressividade.

Sob essa ótica, Laloux (2017, p. 294) comenta: "A sociedade pode estar entrando numa fase em que menos trabalhadores são necessários para produzir e distribuir todos os bens e serviços consumidos. [...] Em breve, os armazéns estarão totalmente automatizados e, um dia, caminhões autoconduzidos entregarão as encomendas".

Provavelmente daqui a alguns anos a própria descrição de Laloux se tornará obsoleta, porque já vem se tornando realidade nos lares dos países desenvolvidos e é questão de tempo para chegar até os países em desenvolvimento. De acordo com a Singularity University (Diamandis, 2015), em 2026 a posse de veículos sairá de moda, e os carros autônomos ganharão as estradas. As pessoas vão preferir utilizar a economia colaborativa para ir de um lugar a outro, e a propriedade das coisas, sejam carros ou casas, será um valor do passado.

Conforme as previsões dessa universidade, operada por pensadores futuristas oriundos da Nasa, do Vale do Silício, do Google, da Nokia e de outras grandes empresas, a demanda mundial por petróleo chegará ao seu auge, mas apresentará um declínio em 2028. O que será dos negócios que têm como base a indústria petrolífera, como a estatal Petrobras? Só o tempo dirá, mas cabe ao empreendedor não esperar para ver as ruas sendo tomadas por carros elétricos que são carregados em uma tomada. Já em 2034, empresas como a Kernel deverão inserir no mercado neuropróteses para substituir funções cerebrais de sistema nervoso e órgãos sensoriais, além de nanorrobôs que, por meio de capilares, poderão conectar o neocórtex à nuvem (Diamandis, 2015).

Nesse cenário, com esse vasto avanço em todas as áreas, onde ficam os jornalistas? Precisamos expandir nossa consciência para além da profissão e pensar globalmente em quais serviços esse novo mundo demandará de nós. Será que entender de tecnologia é a saída ou nos aprofundar no estudo das pessoas será a melhor opção? O que as pessoas vão exigir dos nossos serviços e, em especial, quais serão estes em um breve futuro? *Ressignificação* é a palavra de ordem para quem quer estar produtivo sempre, porque o mercado não vai mais ditar a profissão em ascensão. Pelo contrário, teremos de nos reinventar a todo momento.

E isso gera certa angústia e, ao mesmo tempo, é um desafio interessante para se buscar. Por um lado, jornalistas já estão deixando a zona de conforto, porque o emprego nas redações vem minguando ano após ano. Por outro, há soluções não previstas no mercado e que podem ser exploradas oportunamente. O interessante é que não falta curiosidade para isso, assim como espírito desbravador. Entre tantas profissões que se extinguem, a do jornalista parece caminhar em direção à de um profissional que busca captar cenários e possibilidades, algo positivo em uma era de incertezas, conforme expõe Matos (2008, p. 60):

> Estamos vivendo a Era do Conhecimento e da Economia da Informação. Hoje o profissional agrega valor a si mesmo através da aquisição constante e renovada da informação. Ficou para trás o período em que o trabalho físico predominava sobre o intelectual. Na atualidade, a disposição para aprender e aperfeiçoar-se continuamente significa uma questão de sobrevivência profissional e organizacional.

Laloux (2017) aponta que não devemos nos lamentar pela perda de empregos, uma vez que essa evolução abre horizontes e perspectivas para um futuro em que todos podem ser livres para seguir sua vocação e se dedicar a uma vida com mais significado. "Essas pessoas estão preparadas, às vezes plenamente felizes, para trabalhar por conta própria ou como freelancer ou em empregos de meio período. Elas valorizam a flexibilidade para mudar a forma como distribuem seu tempo com os seus diferentes compromissos que têm nessa vida" (Laloux, 2017, p. 297).

Nas organizações, também notamos gerações em busca de realização, propósito e sentido. Por isso, caminhamos para um estágio chamado de *evolutivo-teal*, caracterizado pela autorrealização na Pirâmide de Maslow: "O principal objetivo não é ser bem-sucedido ou amado, mas nos tornarmos a mais verdadeira expressão de nós mesmos, vivendo a nossa individualidade, honrando nossos dons naturais e vocações e estando a serviço da humanidade e do mundo" (Laloux, 2017, p. 45).

Por isso, estamos evoluindo como espécie humana para um sistema que se autogerencia, deixando de lado o apego à centralização de poder, ao ego, às tomadas de decisão *top-down* e às hierarquias rígidas. Em uma organização do tipo evolutivo-teal, os fundadores aceitam que seu poder é limitado, porque agora passam pelo processo de aconselhamento e não podem tomar uma decisão sem consultar as pessoas que serão afetadas pelo assunto. Nesse formato, as pessoas se autogerenciam e não precisam de gestores fazendo cobranças para as coisas acontecerem.

Se analisarmos bem, isso já acontece em organizações que têm colaboradores que trabalham sob regime de *home office*, por exemplo. Há organismos de controle das empresas contratantes, via *software*, mas o autocontrole é muito mais efetivo. Se não dermos conta das prioridades por nós mesmos, o trabalho simplesmente não vai aparecer. E essa é a tônica que deve prevalecer nas organizações e nas nossas relações interpessoais. Trata-se, portanto, de um mundo que se ressignifica em uma velocidade cada vez maior e isso faz com que tenhamos agilidade suficiente para acompanhá-lo. Você está pronto para essa jornada?

1.2
Empreendedorismo como propósito de vida

Afinal, empreendedorismo e jornalismo coexistem? Só essa questão já poderia dar início a diversos debates em escolas de jornalismo da atualidade, uma vez que, tradicionalmente, a profissão de jornalista é orientada a preencher espaços em veículos de comunicação. A função do jornalista como um radar independente do poder direciona a atuação social desse profissional e, ao mesmo tempo, distancia-o da reflexão sobre a elevada concentração dos meios de comunicação nas mãos de grandes oligopólios midiáticos para os quais ele trabalha. Ou talvez seja a intenção dos grandes empresários da mídia posicionar os jornalistas como profissionais acima do bem e do mal, com a nobre missão de informar e a ideia de que não são trabalhadores comuns, mas, sim, o baluarte da sociedade? Isso é algo a se discutir.

Ao contrário do que ocorre nos cursos de relações públicas, no jornalismo não se aprende sobre organizações – atualmente, o maior mercado de trabalho para jornalistas; assessoria de imprensa, por sua vez, é matéria tida em rápidas pinceladas. Já o empreendedorismo para jornalistas soa como sacrilégio nessa profissão. Você concorda com essa ideia? Os donos podem ser empreendedores, mas por que os jornalistas precisam apenas ficar à mercê desse processo, brigando ano após ano pela reposição salarial? Por que cruzar essa linha é visto como um pecado pelos colegas jornalistas, que torcem o nariz para quem tem sucesso como dono da própria carreira? E quanto aos colunistas de rádios que mantêm seu próprio *site* e são remunerados pelo número de acessos? Você já reparou que os perfis pessoais das redes sociais aparecem nos geradores de caracteres (GC) dos apresentadores de TV? Ora, isso não é ser gestor da própria carreira, em uma espécie de empreendedorismo híbrido? Fica aqui a questão para debate.

Com a convergência midiática e o enxugamento das redações, os jornalistas tiveram de ocupar um novo espaço, até então impensável: o de empreendedor. E nesta obra exploraremos os casos de diversos jornalistas que encontraram seu propósito como donos dos seus próprios veículos – *blogs*, *podcasts*, portais de conteúdo, *sites* de nicho etc.

Você pode estar se perguntando: O que é empreendedorismo? É uma moda passageira? Uma forma alternativa para quem está sem colocação no mercado de trabalho? Uma pessoa que tem a vida ganha e faz seu próprio horário? Sentimos muito em decepcioná-lo, mas empreender é uma filosofia de vida e, ao mesmo tempo, exige muito trabalho e dedicação. Trata-se de uma capacidade ampliada de viver em uma zona de insegurança, algo comum entre os jornalistas, especialmente nesses novos tempos em que todos são emissores e vozes múltiplas estão por todo lado. Para Dornelas (2008, p. 29), "o empreendedor é alguém que sonha e busca transformar seu sonho em realidade".

O termo *empreendedorismo* vem da palavra francesa *entrepreneur*, que em inglês se tornou *entrepreneurship*, e abrange ideias de iniciativa e inovação, constituindo-se em uma forma de concepção e de agir no mundo:

> O empreendedor é um insatisfeito que transforma seu inconformismo em descobertas e propostas positivas para si mesmo e para os outros. É alguém que prefere seguir caminhos não percorridos, que define a partir do indefinido, acredita que seus atos podem gerar consequências. Em suma, alguém que acredita que pode alterar o mundo. É protagonista e autor de si mesmo e, principalmente, da comunidade em que vive. (Dornelas, 2008, p. 31)

É instigante notar que o empreendedor é aquele que se define como protagonista. E, justamente, são as demandas das empresas e do momento atual que serão vivenciadas daqui em diante no mundo do emprego. Cada vez menos crachás e cartões-ponto, e cada vez mais autonomia, autogestão da carreira e liberdade. Que o digam os nômades digitais, profissionais que podem viver em qualquer parte do mundo prestando serviço, por meio da utilização de apenas um *laptop*, um *smartphone* avançado e sinal de internet de qualidade.

É por essas razões que ser dono do próprio negócio não é mais uma alternativa, mas, sim, uma escolha consciente de estilo de vida. Empreender é ter capacidade analítica de correr riscos, buscar brechas no mercado, ter criatividade e propor algo novo (Dornelas, 2008). Mais do que um conceito de administração, ser empreendedor é uma atitude, um comportamento que nos diferencia dos demais. É andar na corda bamba das incertezas e estar bem, ter a capacidade de ser resiliente, muitas vezes viver com pouco dinheiro, mas acreditando que sua ideia vai dar certo e gerar retorno financeiro. É ter autorresponsabilidade, porque ninguém vai ficar cobrando o que precisa ser feito por você e, acima de tudo, buscar educação continuada sempre, porque a ordem do dia é se reinventar a todo instante.

Matos (2008) aponta que os empreendedores precisam desenvolver visão estratégica, flexibilidade e planejamento de longo prazo, tudo para que consigam atingir metas como empresa. Por conta da atitude, elencamos a seguir alguns dos principais traços de personalidade relacionados ao espírito empreendedor. Você se identifica com alguns deles?

- **Criatividade e capacidade de implementação** – É bom ter ideias, mas o mais importante é colocar as imaginações no papel e implementá-las.

- **Assumir riscos calculados** – Iniciar um negócio sempre dá um frio na barriga, porque é muito diferente de ter um salário fixo no final do mês, direito a 13º salário e a 30 dias de férias. É preciso calcular a estimativa de investimento e receita. Como estamos tratando de prestação de serviço, muitas vezes, o jornalista empreendedor pode começar em *home office* ou em estruturas de *coworking*, para ir se estruturando aos poucos.

- **Perseverança e otimismo** – Há muitos percalços no caminho do empreendedor, mas nenhum deles deve ser capaz de desanimar sua visão de futuro, que é o comprometimento com o sucesso. Um empreendedor é um ser resiliente por natureza.

- **Senso de independência** – A caminhada do empreendedor é solitária porque o resultado só depende dele. Ele trabalha para si e, portanto, tem autonomia e liberdade, o que muitas vezes é encarado como um sonho de consumo para quem bate cartão-ponto. No entanto, essa mesma liberdade exige uma capacidade de foco ainda maior do que a do colaborador que tem um gestor de olho no que é produzido.

Maximiano (2012) enumera vantagens e desvantagens de ser dono do próprio negócio. Entre as vantagens de se tornar empreendedor, estão autonomia, desafio, controle financeiro, visão holística e capacidade em assumir riscos. Já entre as desvantagens, há que se considerar questões como sacrifício pessoal, sobrecarga de responsabilidades – especialmente no início do empreendimento – e pequena margem de erro.

Se você quer desenvolver essas competências, há inúmeras maneiras de aprender a ser empreendedor. Há quem diga que o empreendedorismo é um dom, mas vamos observar ao longo desta obra que isso não passa de um mito. Evidentemente, uma criança que convive dia a dia com pais empreendedores, que fazem negócios e têm espírito arrojado, terá maior probabilidade de, se quiser (e isso envolve livre-arbítrio), tornar-se empreendedora. Mas a habilidade de empreender também pode ser aprendida. A pesquisadora Saras Sarasvathy (2019) acredita que empreender é uma técnica a ser aprendida e aperfeiçoada, começando por identificar quem somos, o que sabemos e aqueles a quem conhecemos. A partir dessas informações, podemos começar a imaginar possibilidades que se originam dos nossos meios e do que podemos oferecer.

No entanto, isso não tem feito parte da grade curricular da maioria das faculdades brasileiras, mas cada vez mais será uma necessidade. Assim, adote um espírito empreendedor, comece a realizar cursos livres nas mais variadas áreas do conhecimento. Juntos, esses aprendizados farão sentido no futuro. Advertimos que, para isso, um consultor externo pode ajudar a esclarecer seus pontos fortes e outros a desenvolver, por meio de processos como *coaching* e *mentoring*[1].

Além disso, faça parte de iniciativas empreendedoras, como a Aiesec e a Junior Achievement, e de alguns dos inúmeros eventos de empreendedorismo, *startups*, *hackatons* e grupos de redes sociais das áreas de interesse; faça leituras dos assuntos sobre os quais você pretende conhecer, contate consultorias diversas e matricule-se em cursos que possam auxiliá-lo, tais como Excel básico (sim, pessoas da área de humanas precisam cada vez mais lidar com números!) e gestão financeira. Além disso, assista a apresentações de *pitch*[2], visite incubadoras... Enfim, há

---

1   *Coaching* é o desenvolvimento de competências e habilidades para obter resultados esperados; *mentoring*, por sua vez, é um processo de tutoria pelo qual geralmente o profissional mais experiente orienta os mais jovens e compartilha experiências e conselhos com eles, de forma a orientá-los em suas profissões (Marques, 2016).
2   *Pitch* é uma apresentação resumida de três a cinco minutos sobre o empreendimento, com o objetivo de despertar o interesse de possíveis investidores (Spina, 2012).

um universo de oportunidades que muitas vezes são gratuitas e ocorrem em sua cidade.

Timmons e Hornaday, citados por Dornelas (2008, p. 39), elencam uma série de atitudes comportamentais inerentes ao empreendedor. São todas características que já temos ou que podemos desenvolver por meio de técnicas, tais como: iniciativa, otimismo, autoestima, obsessão por realizar, autonomia para atuar sozinho e resiliência. Além disso, é importante conseguir enxergar o fracasso como um caminho para o sucesso, ser incansável na busca de resultados, dedicar-se ao trabalho a qualquer momento, ter capacidade para elencar objetivos, metas e prazos para atingi-los, além de uma crença elevada no que está realizando.

Para saber mais

Várias são as fontes sobre empreendedorismo que podem servir de inspiração:

SEBRAE. Disponível em: <http://www.sebrae.com.br>. Acesso em: 14 out. 2019.

Entidade privada que promove a competitividade e o desenvolvimento sustentável dos empreendimentos de micro e pequeno portes – aqueles com faturamento bruto anual de até R$ 4,8 milhões.

JUNIOR ACHIEVEMENT BRASIL. Disponível em: <http://www.jabrasil.org.br>. Acesso em: 14 out. 2019.

Com 118 países-membros, a rede JA Worldwide é alimentada por mais de 472 mil voluntários e mentores, que atendem mais de 10,5 milhões de jovens por todo o mundo em cada ano. Fundada no Brasil, em 1983, e presente em 26 estados do país, a JA segue estimulando o empreendedorismo.

AIESEC. Disponível em: <http://aiesec.org.br>. Acesso em: 14 out. 2019.

Movimento global de liderança jovem, a Aiesec é a maior organização mundial gerida por jovens reconhecida pela Organização das Nações Unidas (ONU), presente em cerca de 120 países e territórios. No Brasil, ela existe desde 1980, a fim de gerar um impacto positivo na sociedade com base na promoção da paz, da igualdade, da tolerância e do bem-estar social. Desenvolve nos jovens as habilidades e o potencial de liderança por meio do aprendizado proativo, de experiências voluntárias e de intercâmbios.

ENDEAVOR BRASIL. Disponível em: <https://endeavor.org.br/>. Acesso em: 14 out. 2019.

Organização global sem fins lucrativos com a missão de multiplicar o poder de transformação do empreendedor brasileiro.

ALIANÇA EMPREENDEDORA. Disponível em: <http://aliancaempreendedora.org.br>. Acesso em: 14 out. 2019.

Fundada em 2005, com presença em 27 estados, tem o objetivo de apoiar empresas, organizações sociais e governos a desenvolver modelos de negócios inclusivos e projetos de apoio a microempreendedores de baixa renda, ampliando o acesso a conhecimento, redes, mercados e crédito para que desenvolvam ou iniciem seus empreendimentos.

BRASIL. **Portal do Empreendedor – MEI**. Disponível em: <http://www.portaldoempreendedor.gov.br/>. Acesso em: 14 out. 2019.

Portal do Governo Federal que reúne informações para a formalização de Microempreendedor Individual (MEI).

STARTUPI. Disponível em: <https://startupi.com.br>. Acesso em: 14 out. 2019.

Fundada em dezembro de 2008, a Startupi colaborou para a construção do ecossistema brasileiro de *startups*, informando e educando o mercado sobre o que eram esses novos modelos de negócio e como eles se tornariam tão importantes.

Logo, o que já está ocorrendo progressivamente no mercado de trabalho em geral é que os jornalistas têm sido cada vez mais autônomos em sua profissão, seja como terceirizados prestando serviços por demanda, seja utilizando estratégias de comunicação para consolidar seus próprios empreendimentos. É o caso de jornalistas que já foram muito bem-sucedidos nos veículos em que atuaram e agora buscam um propósito para suas vidas, impulsionados pela reformulação do negócio ou motivados por uma nova proposta. Essa busca pode estar, sim, no jornalismo, bem como em outra ramificação da comunicação, uma vez que o jornalista é um profissional multifacetado. Imagine tudo que deriva da comunicação e você perceberá que as chances de um jornalista atuar em outros meios, que não os veículos de comunicação, são grandes. Para citar algumas áreas que abordaremos e que representam oportunidades de atuação: assessoria de imprensa, portais de notícia, comunicação institucional, comunicação interna, curadoria de conteúdo, *blogs* ou portais segmentados, *branded content*, *marketing* digital, consultorias dos mais variados campos, entre outras.

No entanto, o mercado vem exigindo mais do empresário de comunicação, que deve sair do seu histórico tarefeiro e operacional para se tornar estratégico. Lupetti (2007) aponta que a busca por uma organização competitiva perpassa pela divulgação integrada de todas as ações, razão pela qual a comunicação foi elevada a uma posição estratégica no planejamento organizacional.

Portanto, para abrir um negócio, não basta reunir a documentação, registrar um CNPJ[3] e, mecanicamente, seguir a vida. Há uma etapa prévia essencial para que o negócio perdure. Afinal, não se ergue um empreendimento por diversão, certo? Assim, é essencial o autoconhecimento como pré-requisito para empreender e começar um negócio próprio em jornalismo. Caso contrário, teremos apenas um trabalho que nos remunera, enquanto a busca deve ser por uma realização que nos satisfaça e, como consequência, recompense-nos financeiramente.

Sob essa ótica, busque responder para si mesmo as seguintes perguntas:

- Em que eu sou realmente bom? Qual é o meu talento?
- O que faz brilhar meus olhos na profissão?
- Quais são as possibilidades, isto é, os leques de oportunidade no mercado que quero explorar?
- Qual é o legado que, com meu empreendimento, eu quero deixar para as pessoas?
- Qual é o propósito com o meu negócio, ou seja, aonde quero chegar?

Acreditamos que algumas respostas vão deixar mais claro o rumo que você deverá tomar como empreendedor. Para estar em pé de igualdade nesse mercado disruptivo e de quebra de

---

3   Cadastro Nacional de Pessoa Jurídica.

paradigmas, o que se fez no passado nem sempre será válido na atualidade ou no futuro. Se no passado as pessoas se aventuravam no empreendedorismo, atualmente o caminho é a profissionalização. É ter a consciência de que o mundo está se transformando a cada segundo, ter coragem e ousadia para assumir riscos calculados e competência para permanecer no mercado.

Schneider e Branco (2012, p. 125) ressaltam também que, para abrir um negócio, é preciso verificar a oportunidade percebida:

> O empreendedor deve se perguntar se existe realmente uma necessidade a ser atendida, se o potencial de lucro do negócio é momentâneo ou duradouro, se existe potencial de crescimento, se a concorrência está estabelecida ou é inexistente. Todos esses questionamentos levam a medir e a pesar a oportunidade, a tomar decisão com base em fatos e argumentos defensáveis, ponderando os pontos positivos e negativos do empreendimento.

Se você for abrir um empreendimento por necessidade, pense muito bem antes, porque geralmente esse objetivo leva ao insucesso no negócio. Um empreendimento exige muito trabalho, além de resiliência para aguentar períodos de baixa demanda, bem como coragem e determinação.

Estudo de caso

De jornalista à empreendedora: como fazer essa transição?

Uma história para ilustrar as escolhas e os desafios de empreender é a da jornalista Alessandra Assad. A profissional atuou em várias áreas do jornalismo. Tem experiência em rádio e televisão, foi correspondente do *Jornal do Brasil*, no Paraná, e lecionou em algumas faculdades. Mas foi como chefe de redação de uma das maiores revistas especializadas em vendas do Brasil que ela se apaixonou pelo tema e foi se aprofundando nessa área. Resultado: atualmente, ela percorre o país como palestrante nas áreas de gestão, liderança e comportamento organizacional, além de ser professora e autora de vários artigos sobre liderança, gestão de mudanças, motivação e, claro, vendas.

No entanto, a veia empreendedora de Alessandra Assad foi surgindo aos poucos, durante muitos anos em contato com grandes referências, como Michael Porter, Ram Charan, Jim Collins, Jack Welch e outros grandes gurus de liderança. Foi então que Alessandra fundou, em 2006, a empresa Assim Assad Desenvolvimento Humano, para atuar a princípio como palestrante. "Depois disso, minha carreira começou a decolar e, em 2007, lancei *Atreva-se a mudar*, meu primeiro livro" (Assad, 2019).

Porém, como qualquer empreendedor está sujeito a viver altos e baixos, a crise imobiliária de 2008 representou um ano de desafios para Assad. Foi naquele momento que a coragem de empreender teve de ser encontrada: ou ela caminhava pelas próprias pernas ou ninguém faria isso por ela. Dessa forma, ela venceu aquela tempestade, assim como outras que surgiram no decorrer de seu trabalho como empreendedora, e atualmente ela se divide entre aulas, palestras, treinamentos corporativos, educação continuada e *workshops*.

Alessandra se considera, acima de tudo, uma batalhadora. Ela conta que se costuma admirar pessoas bem-sucedidas, mas sem imaginar os sacrifícios e as escolhas que elas tiveram de realizar:

> Não tenho férias, 13º salário, mas, a partir do momento em que você empreende, você consegue entender que o mundo à sua volta não vai fazer a parte que lhe cabe. Os outros vão fazer por nós à medida que eles entenderem que a gente está fazendo por nós. Os aplausos serão consequência do seu esforço. Não adianta olhar para o cara que faz sucesso e querer ser como ele, porque o preço que ele está pagando, a parte que a gente não vê, é onde está o segredo. (Assad, 2019)

Para ela, durante anos, os jornalistas gastaram (e ainda gastam) muita energia para ganhar o piso da categoria e, assim, deixaram de buscar seu próprio lugar ao sol. Ela já sabia no começo da carreira que lá na frente não viveria com o piso. E aconselha:

> Acredito que toda essa energia pode ser melhor investida na luta para o jornalista fazer algo melhor para ele mesmo. Não posso pensar que a empresa vai dar para mim, o estado vai dar para mim. Não podemos mais terceirizar a culpa. O empreendedorismo começa de dentro para fora. Enquanto o jornalista buscar isso de fora para dentro ele nunca vai crescer. A gente é uma empresa, ela está dentro da gente. Independente de ganhar salário fixo ou de a gente fazer o nosso salário, o desafio é buscar algo que nos faça ser melhor e que nos traga um novo desafio todos os dias. E o dinheiro vai ser consequência. O problema é que a gente tem uma zona de conforto, uma falsa estabilidade e quer saber quanto vai ganhar no final do mês mesmo que isso represente ser mais medíocre. (Assad, 2019)

Alessandra Assad descobriu, entre várias atividades desenvolvidas, aquela que lhe trouxe um motivo para acordar todas as manhãs, um significado, um propósito. E qual é o seu? Descubra, e então estará preparado para alçar voos como empreendedor.

Síntese

Neste capítulo, abordamos o profissional como empreendedor da própria carreira, a crise do emprego e as possibilidades quanto ao futuro do que entendemos como *trabalho*. Estamos nos aproximando de uma nova onda de extinção do trabalho, migrando das atividades rotineiras, operacionais, para as que exigem maior cognição e criatividade. Mudanças sutis, mas perenes, que causam impacto no nosso dia a dia. Tratamos, ainda, do empreendedorismo como uma decisão para a vida, e não como uma saída ao desemprego ou à escassez no mercado de trabalho. Abrem-se novos horizontes aos profissionais que olham além e se preparam para o futuro. É o caso de *blogs*, *podcasts*, portais de conteúdo, entre outras atribuições. Se as redações fecham as portas, há possibilidades que se abrem no mercado corporativo, do empreendedorismo. Ao final deste capítulo, vimos que é preciso reunir algumas qualidades comportamentais para se tornar empreendedor: disposição para correr riscos, ter mais autonomia, ser inconformado, ter autorresponsabilidade, flexibilidade e foco. Frisamos que há grandes vantagens e desvantagens em se tornar empreendedor. Isso porque, diferentemente de ser funcionário, ser empreendedor é está com a cabeça direcionada ao negócio 24 horas por dia e 365 dias por ano. Por outro lado, há vantagens, como agenda flexível, autonomia e mais liberdade criativa. Há que se optar e ter muita perseverança, porque não se faz sucesso da noite para o dia.

Questões para revisão

1. Com base nas pesquisas da Singularity University (Diamandis, 2015), quais são as mudanças no mundo do trabalho que podem causar impacto na sociedade?

2. Considerando os conceitos discutidos neste capítulo, explique o que podemos entender por visão empreendedora.

3. Analise as seguintes sentenças sobre empreendedorismo e assinale a única alternativa **incorreta**:

   a) O termo *empreendedorismo* vem da palavra francesa *entrepreneur*, que em inglês se tornou *entrepreneurship*, e abrange ideias de iniciativa e inovação, constituindo-se em uma forma de concepção de mundo e de agir nele.

   b) Empreendedor é alguém que prefere seguir caminhos não percorridos, que define a partir do indefinido, que acredita que seus atos podem gerar consequências.

   c) Um empreendedor geralmente nunca passou por empregos fixos ou cumpriu horário de segunda a sexta. Empreender é, portanto, uma habilidade com a qual a pessoa já nasce.

d) Empreender é ter capacidade analítica de correr riscos, buscar brechas no mercado, ter criatividade e propor algo novo.

e) Para empreender, é preciso tomar decisões com base em fatos e argumentos defensáveis, ponderando-se os pontos positivos e negativos do empreendimento.

4. Analise as seguintes asserções e assinale V para verdadeiro e F para falso:

( ) Estamos entrando em uma nova onda de extinção e criação de empregos, que traz impactos não somente nos trabalhos rotineiros, mas também em tarefas cognitivas e criativas.

( ) No futuro, os robôs substituirão cada vez mais a mão de obra humana, por conta dos avanços tecnológicos. Nesse sentido, estima-se que haverá empresas prontas para inserir no mercado neuropróteses que substituirão funções cerebrais de sistema nervoso e órgãos sensoriais, além de nanorrobôs que, por meio de capilares, poderão conectar o neocórtex à nuvem.

( ) O jornalismo tende a se extinguir, porque os robôs já são responsáveis por escrever matérias.

( ) O empreendedorismo é algo nato, uma vez que a pessoa já nasce com essa habilidade para os negócios.

A seguir, indique a alternativa que apresenta a sequência correta:

a) V, V, F, F.
b) V, F, F, V.
c) F, F, V ,V.
d) F, V, V, F.
e) V, F, V, F.

5. Assinale a única alternativa correta quanto ao perfil do empreendedor:

a) É bom em ter ideias, mas não precisa se preocupar em colocá-las no papel e trazê-las à vida de modo a implementá-las.
b) Um empreendedor bem-sucedido é aquele que se lança às oportunidades que surgem, sem análise prévia.
c) O empreendedor nunca pode fracassar, porque isso é sinal de que ele não tem perfil para os negócios.
d) Um empreendedor é um ser resiliente por natureza.
e) A única vantagem de ser empreendedor é ter mais renda.

Questões para reflexão

1. Você acredita ser possível que os robôs tomem o espaço hoje destinado aos jornalistas na estratégia de comunicação? Apresente suas argumentações.

2. Já existem *softwares* de inteligência artificial que produzem matérias jornalísticas. Qual impacto disso no setor?

3. Um jornalista tornar-se empreendedor é uma realidade ou trata-se de uma atividade que não cabe a esse profissional? Mostre os prós e contras para um jornalista que decide empreender.

4. Quais são as características intrínsecas ao jornalista que o potencializam como empreendedor?

5. Vivemos a era das *startups*. Você acredita que o jornalista empreendedor pode ser bem-sucedido em alguma iniciativa dessa natureza? Por quê?

Capítulo
02

Transformações ontem, hoje e amanhã

Conteúdos do capítulo

- Mundo em constante mutação.
- Fim do monopólio da informação pelos meios de comunicação.
- De passivos a comunicadores: a queda da fronteira de quem é formador de opinião.
- Um passo à frente: a urgência da inovação e da reinvenção.

Após o estudo deste capítulo, você será capaz de:

1. compreender as mudanças ocorridas na tríade sociedade, mídia e cultura;
2. refletir sobre a fronteira difusa entre a atividade dos jornalistas profissionais e a de outros emissores de opinião;
3. identificar a hiperfragmentação da informação nos dias de hoje e a relação dessa característica com o modelo de negócio jornalístico;
4. verificar novos modelos jornalísticos por meio da inovação.

No jornalismo, as rupturas foram ainda mais abruptas e, de leitor, telespectador e ouvinte, o consumidor de informação se tornou internauta e passou a depender cada vez menos de jornalistas para se manter informado. Mais ainda: ele mesmo tornou-se conteudista, difundindo informações e, em alguns casos, sendo *digital influencer*. O fato é que essa evolução das relações impõe a necessidade de reinvenção diária, e isso traz diversas consequências, tanto ao profissional jornalista quanto aos novos profissionais que agora ampliam seu escopo para incorporar a inovação ao fazer jornalístico como antídoto à obsolescência.

2.1
Sociedade, cultura e mídia: mudanças que influenciam na atuação do jornalista

A humanidade sempre viveu ciclos e evoluções em seu desenvolvimento econômico, social, cultural e tecnológico, e atualmente não é diferente. Junto disso, o costume de escolher uma profissão para a vida inteira hoje em dia já não faz sentido, e provavelmente vamos encerrar nossa vida laboral em uma atividade totalmente diferente daquela na qual nos formamos ou, então, migraremos para outros conhecimentos e vivências. Quem aprendeu datilografia (uso da máquina de escrever), por exemplo, só utiliza esse conhecimento para digitar mais rápido em um computador. Mas será que no futuro ainda teremos computadores ou apenas *smartphones* ou então telas *touch screen*?

Na medicina, por exemplo, os médicos contam atualmente com equipamentos que ampliam imagens com tal precisão que, provavelmente, o patologista está tendo que se reinventar. Os próprios médicos precisarão se aperfeiçoar se quiserem fazer cirurgias com robôs. Conforme pesquisas do World Economic Forum, a chamada *Quarta Revolução Industrial* – formada por *machine learning*, inteligência artificial, carros autônomos etc. – já é realidade e estará continuamente mais presente na vida em sociedade. E no século XXI, cada vez mais habilidades como criatividade, pensamento crítico e solução de problemas serão valorizadas. A criatividade será uma das três habilidades mais importantes para dar conta das novas formas de trabalho

Já o estudo *Workforce of the Future – the Competing Forces Shaping 2030* (PwC Brasil, 2019), da PwC, que ouviu 10 mil profissionais e empresas de diversos setores em 140 países, aponta que 60% deles acreditam que poucas pessoas terão ocupações estáveis no futuro. As profissões que se baseiam em rotina e repetição poderão facilmente ser executadas por robôs. Logo, o que restará serão aqueles cargos intelectuais que envolvem habilidades como liderança, inteligência emocional, criatividade e capacidade de resolver problemas. Um levantamento da Business Insider (Peterson, 2017) indicou as 12 profissões com maior risco de extinção; a nona posição ficou para repórteres e correspondentes.

O fato é que, nas últimas três décadas, notamos a **reformulação do modelo de jornalismo** como sempre o conhecemos. Enquanto os jornalistas da década de 1990 atuavam em jornal impresso, rádio ou TV, atualmente o mercado foi reconfigurado para outras possibilidades, como *digital influencer*, dono de portal de notícias, agências de *branded content*, empresas, entre outras áreas. Isso porque, com o fenômeno da globalização, a informação deixou de ter a mediação apenas da imprensa para chegar ao indivíduo, e essa crise de identidade do jornalismo veio acompanhada da disseminação de outras dinâmicas informativas, com a internet e novas formas de gerar conteúdo, além do domínio das redes sociais. As consequências disso têm sido enxugamento das redações, demissões em massa, migração de conteúdo apenas para a versão *on-line*, queda de faturamento publicitário e, em muitos casos, extinção de jornais impressos tradicionais. E o que foi feito do jornalista?

Ao mesmo tempo que a função social do jornalismo sempre pressupôs valores como isenção, credibilidade, autonomia e liberdade de expressão, jornalistas também se submetem à lógica de produção midiática, pois são empregados como quaisquer outros, embora relutem em se enxergar dessa forma. Em um cenário em que a audiência, por meio da internet, passa a se informar sem a mediação do jornalista, a função social dessa profissão é questionada pela sociedade, e isso vem causando dificuldades para que veículos de comunicação e jornalistas se encaixem nesse quadro atual e irreversível.

Você conhece a teoria da agenda, de Maxwell McCombs (2009), segundo a qual os veículos têm papel central no palco das notícias que são repercutidas pelo público? Pois bem, a imprensa ainda estabelece essa agenda em torno da discussão pública, mas sua influência é cada vez menor. Na realidade, tem sido mais comum a ocorrência do agendamento reverso, isto é, a mídia pautando sua produção cotidiana de acordo com o que circula nas redes sociais. Trazemos essa referência à teoria da agenda para lembrá-lo de que o jornalista tem invertido sua lógica de atuação, e isso não se restringe às quatro paredes das redações.

Fica aqui o convite para você refletir ainda mais sobre esse universo que nos cerca.

Com essas mudanças, o jornalista precisou se readequar e ser cada vez mais *multifacetado*, um termo polido utilizado por donos de empresas de comunicação para dizer, com outras palavras, que o jornalista precisa suprir a falta dos colegas demitidos. Nesse ambiente, esse profissional deve ser capaz de escrever uma matéria, gravar uma participação ao vivo na rede social para atrair a audiência e, ainda, fazer uma chamada diferenciada para as redes sociais. Nas emissoras de TV, o repórter por vezes está sem o cinegrafista; por isso, ele mesmo tem de operar a câmera, colocando-a em um tripé e posicionando o entrevistado no enquadramento apropriado. Ao vislumbrar essas transformações, Barbeiro e Lima (2013) afirmam que o jornalista precisa estar apto a desempenhar várias funções, como pautar, redigir, editar, fotografar, filmar, enfim, ter múltiplas competências, mas sempre com o compromisso ético de apurar a notícia até que ela esteja pronta para ser veiculada.

Ramonet (2013) denuncia essa situação ao enquadrar os novos jornalistas como "escravos da rede", porque todo cidadão pode produzir conteúdo, banalizando a profissão e promovendo o achatamento dos salários, o que leva o jornalista a assumir duplas ou triplas jornadas. Só para termos uma ideia, o salário de um jornalista em Rondônia gira em torno de R$ 1.020,00, enquanto no Paraná, que é um dos maiores do país, a média é de R$ 3.374,79 (Fenaj, 2019). As informações quanto às demissões desses profissionais, porém, são muito desencontradas, porque há sindicatos em todo o país, e a Federação Nacional dos Jornalistas (Fenaj) não consegue centralizar esses dados. De acordo com o portal Aos Fatos, o número de jornalistas demitidos no período de 2012 a 2017 foi de 7.290 profissionais (Jornalistas..., 2019), conforme levantamento feito com base na divulgação de matérias sobre o assunto. Isso porque muitas demissões não são homologadas pelos sindicatos e, portanto, as informações ficam dispersas.

Esse tipo de movimento não é exclusivo de nossos tempos. Vale a pena relembrarmos alguns momentos históricos em que a evolução da vida em sociedade demandou a criação de aparatos técnicos e tecnológicos que representaram uma ruptura no trabalho de alguns profissionais, embora tal ruptura seja vista por McQuail (2013) como uma ampliação, e não a substituição de uma fase por outra.

Vamos voltar um pouco no tempo para analisar o **surgimento da imprensa** que, assim como o momento atual, foi precedido por diversos ciclos. Graças à tecnologia da prensa, criada por Johannes Gutenberg, em 1440, a circulação da informação se acelerou, foi fruto das demandas de uma sociedade cada vez mais aglutinada em cidades. Assim, a prensa se tornou um instrumento para que a informação atingisse mais pessoas ao mesmo tempo, com o intuito de democratizar o acesso à informação (Gontijo, 2004). Naquele tempo, os monges copistas certamente ficaram atônitos, como nós diante da tecnologia, e devem ter pensado algo como: "E agora, o que vai ser do nosso futuro?". "Talvez a categoria dos copistas tenha sido a primeira a experimentar um fenômeno que seria comum um século mais tarde: a extinção sumária de toda uma ocupação decorrente do surgimento de uma nova tecnologia" (Morais, 2013, p. 23).

De um jornalismo que ostentava atributos como transparência e questionamento do poder, logo o capital vislumbrou uma oportunidade para disseminar os valores do modelo industrial. Dessa forma, por volta de 1875, surgiram os grandes anunciantes, mesclando atualidades e entretenimento. De lá para cá, a imprensa passou a ser uma atividade concentrada na mão de grandes grupos econômicos, com um objetivo capitalista, baseado no lucro, e com interesses próprios. Notícia como produto, noção de público, aglomeração das pessoas em cidades, além de outras transformações sociais, promoveram o terreno fértil para que pudéssemos, atualmente, afirmar que vivemos na sociedade da informação, na qual se produz e se vende informações, constituindo-se, assim, uma diferenciação de classe (Burke, 2003).

Isso não é diferente da concentração das mídias na atualidade. É preciso situar que os conglomerados das mídias ainda estão nas mãos de poucas figuras bilionárias. Mark Zuckerberg, o dono de Facebook, Instagram e WhatsApp, figura entre os dez homens mais ricos do planeta, com fortuna estimada em US$ 62,3 bilhões, segundo levantamento da revista Forbes (Almeida, 2019). Ele fica atrás de outros magnatas da informática e da internet, como Bill Gates, da Microsoft (US$ 96,5 bilhões), e Jeff Bezos, da Amazon (US$ 131 bilhões), bem como dos donos de grandes conglomerados de mídia, a exemplo de Warren Buffet, da Berkshire Hathaway (US$ 82,5 bilhões) e Carlos Slim, da América Móvil (US$ 64 bilhões) (Almeida, 2019).

Dos 40 bilionários brasileiros listados pela *Forbes* em 2019, três deles são donos do Grupo Globo Roberto Irineu Marinho (US$ 2,5 bilhões), João Roberto Marinho (US$ 2,5 bilhões) e José Roberto Marinho (US$ 2,5 bilhões) (Billionaires..., 2019).

Por ser o jornalismo uma atividade mercantil, cabe aqui uma reflexão: Precisamos alterar nosso modelo mental para nos tornarmos empreendedores? Ou a profissão de jornalista deve sempre estar à margem do mercado, como bem querem nos fazer crer os milionários da mídia, que detêm fortuna, informação e opinião pública? Oportunidades existem, negócios são gerados a cada minuto por jovens com ideias e acesso facilitado ao mundo das informações. O jogo mudou, e quem dá as fichas é aquele que tem como característica tomar a iniciativa, atrever-se a arriscar, promover inovação, decidir compreender como funciona a gestão e querer uma fatia desse mercado. Você está pronto para isso? Ou melhor, você tem esse perfil?

Para saber mais

TV FOLHA. **Sem internet**: jornalista da Folha tenta fazer reportagem como em 95. 9 jul. 2015. Disponível em: <http://temas.folha.uol.com.br/folha-20-anos-na-internet/videos/sem-internet-jornalista-da-folha-tenta-fazer-reportagem-como-em-95.shtml>. Acesso em: 15 out. 2019.

Nas redações de jornais impressos, até por volta de 1995, como você acha que os jornalistas faziam para recorrer a informações antigas a fim de escrever uma nova matéria e recuperar cifras ou inflações de anos anteriores? Havia um departamento responsável por arquivar enormes volumes de jornais impressos que eram consultados sempre que necessário. Não havia *sites* de busca, nem mesmo internet. Isso demonstra, na prática, que o jornalista ostentava o *status* de um profissional que detinha poder, que decidia e mediava que tipo de informação seria levada a conhecimento público.

A reprodução dessa realidade das redações antes da internet pode ser conferida nessa matéria realizada pela reportagem da *Folha de S.Paulo*.

Tanto o jornalista quanto o dono do jornal viram-se extirpados da centralização das informações e de serem os únicos divulgadores dos acontecimentos na sociedade, na economia, na política e no cotidiano das cidades. Você imagina, nos dias atuais, a existência de um furo jornalístico ou consegue identificar de qual veículo ele foi originado? Ou você acredita que acontece de uma informação chegar a uma redação e ser noticiada apenas no dia seguinte? Essas mudanças, ocorridas nas últimas décadas no jornalismo, nocautearam os empresários de veículos tradicionais, que ainda estão à procura de uma solução para obter lucro com a informação que hoje circula livremente pela internet. Em nossos tempos, não existe mais uma única mídia, mas, sim, mídias que se disseminam pela internet, conforme a classificação proposta por McQuail (2013, p. 139-140, grifo nosso):

- **Mídias para comunicação de interpessoal**: essas incluem o telefone (cada vez mais móvel) e e-mail (primariamente para o trabalho, mas tornando-se mais pessoal);
- **Mídias lúdicas interativas**: esses são principalmente jogos de computador, além de dispositivos de realidade virtual;
- **Mídias para pesquisa de informações**: essa é uma ampla categoria, mas a internet/www é o mais significante exemplo, vista como uma biblioteca e fonte de dados de tamanho sem precedente, atualidade e acessibilidade;
- **Mídias coletivas participativas**: referem-se aos usos da internet para intercâmbio de informações, como *blogs*, portais segmentados e *sites* de redes sociais.

Além do estudo do jornalismo, da paixão pela profissão e da prática diária, que outros recursos você tem buscado para ampliar seus conhecimentos? Se antes o indivíduo tinha como paradigma a dependência ao trabalho, atualmente a palavra de ordem é autonomia, condição necessária à geração de conhecimentos para encontrar oportunidades no mercado de trabalho.

2.2
Território internet: somos todos jornalistas?

A comunicação mediada pela internet é um fenômeno que abarca todos os âmbitos sociais. Assim, a internet interliga pessoas fisicamente distantes – mas que podem se aproximar por meio de um aparato tecnológico – bem como une o local ao global. Nesse formato interacional, todos se colocam em uma relação comunicativa, seja consumindo conteúdos, seja como protagonistas.

De um lado, liberdade de ações; de outro, um modelo capitalista globalizado. A internet é acessível a todos, democrática e não tem filtro. A sensação de poder que ela proporciona constitui uma utopia, já que estar inserido em uma mídia social ou utilizar um simples editor de texto ou de fotografia pressupõe a aceitação tácita das regras e normas desse ambiente. Mesmo não dependendo das lógicas das mídias, que preveem seu público, o ambiente da internet disponibiliza para o mundo todo conteúdos ou opiniões, na utopia de não mais dependermos do tempo, de estarmos simultaneamente em todos os lugares e em nenhum, com acesso a um número ilimitado de pessoas. Por esse mar de informações sem controle, regulação ou intermediários, o paradoxo de salvar a liberdade de informação pode requerer a nossa preservação enquanto intermediários jornalistas, pois sabemos como checar dados, informações, fontes e veracidade. A esse respeito, Wolton (2012, p. 108) afirma:

> O que é importante preservar é o ideal democrático da informação e, se antes, em um determinado contexto político, esse ideal implicava a supressão dos intermediários, atualmente, em um universo em que tudo é informação, ele passa pelo restabelecimento de intermediários que são as garantias de uma certa filosofia da comunicação.

Portanto, para você, o que diferencia um conteúdo elaborado por jornalistas de outro feito por um adolescente com talento para a escrita? O que diferencia sua matéria jornalística de um texto escrito para um *blog* com número elevado de seguidores? Em formato de apresentação de conteúdo de *branded content* pelos veículos de comunicação, como saber o que é jornalismo ou publicidade? "Diga adeus aos especialistas e guardiões da cultura de hoje – nossos repórteres, nossos âncoras, editores, gravadoras e estúdios de cinema de Hollywood" (Keen, 2009, p. 14).

Essa hipótese é reforçada por Bueno (2014b), ao afirmar que no território internet não há proprietários, como existem o dono do jornal ou de uma rádio local. Ao contrário das emissoras de televisão e de rádio, que necessitam de concessão do governo, a internet é um campo aberto para que qualquer cidadão ocupe espaço. Lipovetsky e Serroy (2011) apontam para o surgimento de comunidades por afinidade, uma cultura de todos para todos, em que emerge a figura do *self media*, aquele indivíduo que tem uma opinião e agora pode explicitá-la livremente pela *web*: "Nessa galáxia comunicacional, todo mundo pode produzir conteúdo, cada um pode tornar-se fotógrafo, realizador de vídeo, até mesmo jornalista difundindo informação" (Lipovetsky; Serroy, 2011, p. 78).

Sendo jornalista profissional ou não, uma nova geração de colaboradores já nasceu no meio digital. Por isso, autores como Pisani e Piotet (2010) alertam para a necessidade de um letramento digital (*digital literacy*), com novas práticas e culturas que se articulam. Em uma rede tecida por vários atores e não mais centralizada em um ponto só (a imprensa), as pessoas se sentem impulsionadas a propagar informações. Para isso, lançam mão de várias estratégias, inclusive no intuito de alcançar determinada influência digital, para disseminar informações:

> As pessoas tomam uma série de decisões de base social quando escolhem difundir algum texto na mídia: vale a pena se engajar nesse conteúdo? Vale a pena compartilhar? É de

interesse para algumas pessoas específicas? Comunica algo sobre mim ou sobre meu relacionamento com essas pessoas? Qual é a melhor plataforma para espalhar essa informação? Será que deve circular com uma mensagem especial anexada? (Jenkins; Green; Ford, 2014, p. 37)

Por isso, é cada vez mais necessária a conscientização, para que as pessoas sejam alfabetizadas digitalmente para um mundo no qual já não é possível identificar a origem de determinada informação noticiosa, a qual se prolifera pelas redes sociais como pólen ao vento.

Estudo de caso

A experiência como bagagem para empreender
É interessante notar como a experiência no jornalismo pode convergir para oportunidades de empreendimento. Foi o caso do jornalista Paulo Oliveira da Silva, que hoje reside em Salvador – BA e está à frente do Projeto Meus Sertões (2019). Trata-se de uma empresa de jornalismo independente criada com o objetivo de valorizar cultura, história, saberes e personagens do semiárido brasileiro. Por meio de temas como convivência com a seca, impactos ambientais, recursos hídricos, implantação de novas matrizes energéticas e extração mineral, o jornalista conta

histórias surpreendentes direto na fonte, dando ênfase ao jornalismo popular de qualidade.

Essa trajetória, no entanto, teve início em 1982, quando ele começou a atuar como pesquisador para reportagens na sucursal do Rio de Janeiro da revista *Veja*. Atuando como produtor muito antes do surgimento da internet, Silva tinha a missão de conseguir documentos, matérias antigas e ajudar repórteres em informações de que precisavam. Ele conta uma passagem curiosa nessa função:

> Na inauguração do Sambódromo, fui ao local com uma trena medir o espaço entre os degraus no sambódromo para conferir *in loco* em qual espaço cabia uma pessoa e se a capacidade divulgada por Leonel Brizola na época realmente era verdadeira. Tinha essas maluquices, mas foi um período bom de quase dois anos que me deu uma boa formação do que deveria ser a apuração, a busca por confirmar o fato. (Silva, P. O., 2018)

Da apuração, o jornalista foi levado paulatinamente ao segmento do jornalismo popular. Foi responsável por apurar matérias para o jornal *O Dia*, que tinha várias edições regionais em cidades do interior do Estado do Rio de Janeiro. "As histórias do interior são bastante valorosas e ganhamos alguns prêmios jornalísticos. Dali fui para o jornal *O Povo*, do Ceará, implantar o jornal popular, com foco em notícias de polícia, cidades e esportes, tradição não muito explorada na região Nordeste na época" (Silva, P. O., 2018), relata.

Depois dessa experiência e de mais outras, Paulo Oliveira da Silva também acumulou vivências em assessoria de imprensa, no jornalismo *on-line*, indo para o portal Globonews em seu começo, bem como na área da docência, na Universidade Estácio. Na organização não governamental (ONG) Observatório de Favelas, coordenou um projeto de comunicadores populares junto aos moradores de 13 comunidades diferentes. "Foi um período rico de formação de produção dos conteúdos dos próprios meios de comunicação e formação de fontes qualificadas" (Silva, P. O., 2018). Foi também instrutor de jornalistas em Moçambique, na intenção de prepará-los para a cobertura da exploração e comercialização de gás natural, cujas reservas tinham sido encontradas.

Hoje, Silva consegue perceber que toda essa caminhada culminou para o projeto que atinge 1.262 cidades que compõem o semiárido nordestino, com cerca de 28 milhões de pessoas. "Eu nunca tinha parado para me imaginar dono de um negócio, mas toda vez que eu deixava um trabalho eu aproveitava o tempo vago para fazer cursos para voltar melhor ao mercado de trabalho" (Silva, P. O., 2018). Por outro lado, ele usou todos esses conhecimentos em prol do seu negócio, com a liberdade de publicar conforme seus valores. "Não quero mais trabalhar para ninguém. Os jornalões censuram, em muitos casos, a publicação de reportagens negativas envolvendo anunciantes, políticos 'amigos da direção' e isso provoca uma pressão permanente. Não quero mais me submeter a isso" (Silva, P. O., 2018), sentencia. Aí veio o pensamento empreendedor, aquele momento iluminado: "Eu tinha uma história de criação de produtos pelos veículos pelos quais passei. Se eu crio para os outros, por que não posso criar para mim?" (Silva, P. O., 2018).

A princípio, a ideia era fazer um *blog* para escrever matérias relacionadas a Canudos, região que sempre foi sua paixão, graças à história que a envolve.

> No caminho até Queimadas, cidade de onde partiram as duas expedições do Exército que dizimou o arraial do Bom Jesus, uma viagem de 8 a 10 horas, constatei que tinha chovido bastante na caatinga e fui vendo que tudo estava verde, os reservatórios cheios d´água, havia bois gordos... Percebi que a vida inteira tinham mentido para mim. Comecei então a escrever sobre o Nordeste que a imprensa não mostra. Não era só seca que existia, mas que era possível viver apesar dos períodos de seca.

Silva relembra que todo ano lia na mídia que o ano em questão trazia a pior seca dos últimos cem anos. Assim, ele novamente passou a usar seu talento para a apuração. Tanto que o portal

Meus Sertões não utiliza dados oficiais que não tenham sustentação comprovada. Percorrendo a região desde 2015, Silva conta que na última vez em que foi fazer matérias sobre a seca, percorreu pessoalmente as fazendas para investigar o que ocorria nesse período. Em muitas propriedades, por exemplo, a tecnologia era usada a favor do dono. "Conheci um proprietário pequeno que conseguia suportar a seca por três anos e meio. Ele produzia árvores frutíferas e alimentava o gado graças aos reservatórios que implantou" (Silva, P. O., 2018).

Logo essas histórias foram publicadas no *site* Meus Sertões (2019), que se diferencia dos demais portais porque não tem jeito de *site* jornalístico. No portal, são aceitos, por exemplo, trabalhos universitários, como teses, dissertações e trabalhos de conclusão de curso escritos em linguagem inteligível que discorram sobre o semiárido: "Atendo vários segmentos de público, desde quem se interessa por literatura de cordel até estudos acadêmicos e, claro, matérias, que são a essência" (Silva, P. O., 2018).

O jornalista, que ainda se articula para monetizar o projeto, conta com colaboradores que se uniram a ele de forma espontânea e que acreditam na causa.

> Temos mais de 300 matérias no arquivo e, se fiz duas ou três por telefone, foi muito. A norma é ir no local, frente a frente, cara a cara, pisar no chão, escalar o morro, sentir o que as

> pessoas sentem. Geralmente não faço pesquisa antes de ir a uma região, porque quero o estranhamento que aquele lugar me causa. Essa foi a forma de jornalismo que aprendi e que, enquanto puder, vou preservar. (Silva, P. O., 2018)
>
> Assim como ele, vários jornalistas que se lançam ao empreendedorismo têm dúvidas a respeito de como rentabilizar o negócio. Esse também é o desafio dos grandes veículos de comunicação, que agora cobram por acesso ilimitado às matérias produzidas por seus jornalistas. Então, qual é a fórmula para unir jornalismo e retorno financeiro? Essa é uma questão a ser debatida.

2.3
Inovação como antídoto à obsolescência

Talvez um dos setores que vivenciaram com mais intensidade as inovações tenha sido o da comunicação, no qual a tecnologia já transformou o modelo de negócios chamado *jornalismo*. O consultor de gestão de inovação Marcos Schlemm lembra o caso de uma editora que editava uma revista especializada do ramo madeireiro, parecida com um anuário, com papel nobre e grande quantidade de páginas:

Eles foram buscar ajuda e já notávamos que a curva de faturamento havia caído. Isso demonstra que a reação devia ter ocorrido antes para criar uma nova solução para atingir o cliente, que eram produtores de móveis e *designers*. Quando notaram, a tecnologia já havia criado pressão e tinham perdido o *timing*. (Schlemm, 2018)

Schlemm, que morou no *hub* principal do Vale do Silício, nos Estados Unidos, fala da grande transformação no estilo de vida em função da tecnologia. Isso pode ser observado na abordagem do tratamento das próprias matérias. De analíticas, passaram a ser sintéticas, porque o jornalismo ficou atento ao que o público digere como informação.

Sua fórmula de trabalho, a forma de se comunicar, o produto a oferecer, a busca pela matéria. Tudo vem se transformando. Tinha por anos a fio a assinatura de uma revista semanal e foi visível como o texto foi se simplificando, a linguagem sendo adequada para quem não está acostumado a ler, com textos explicativos e mais didáticos. Começou a ficar entediante e ficou patente o hipertexto, textos pequenos, páginas leves, coloridas, infográficos. Para mim, desagradou. E para o seu público, irá agradar ou não? (Schlemm, 2018)

A sociedade pediu uma cultura ágrafa, baseada em imagem, e o Instagram é uma resposta a isso. Nada de conteúdo escrito, apenas imagens sem necessidade de explicação.

Paralelamente a essas inovações, as consequências podem ter explicação na neurociência e no que ocorrerá com o nosso cérebro. Já há estudos que demonstram que a ausência da leitura pode nos afetar intelectualmente, prejudicando nosso raciocínio. As novas gerações, inseridas nesse novo contexto, podem demandar novos produtos e serviços. É aí que devemos ter a capacidade de inovação. Estamos em um momento em que ainda não sabemos para onde vamos. Os negócios estão ficando cada vez mais remotos, e isso afeta várias áreas. Até na psicologia já existe terapia a distância. O que precisamos é de uma plataforma com escalabilidade.

Em uma publicação da Interbrand, consultoria internacional de *branding*, presente em 14 países, que ajuda a impulsionar negócios no mundo todo, os autores Ivo Costa e Luana Alahmar avaliam que o jornalismo e o segmento da informação vivem uma crise de descrença, denominada *ateísmo da notícia*:

> Cansamos de sujar nossos dedos. O tempo em que ler um jornal do tamanho do velho testamento era um ritual sagrado de todo domingo acabou. Os antigos cânones da mídia brasileira (e mundial) já não nos representam mais. As redações mais ortodoxas diminuíram. Surgiram novos messias. E, com eles,

surgiram também novos falsos profetas. Para piorar, o dilúvio da informação infundada e hiperfragmentada nunca foi tão grande. (Costa; Alahmar, 2017)

Nesse sentido, em 2014, o *The New York Times* foi pioneiro ao lançar um estudo chamado *Innovation Report*, ditando novos comportamentos para jornais e jornalistas que precisam se renovar constantemente e ter relevância para continuarem existindo. A ordem da vez da velha guarda do jornalismo é: tornar-se digital antes da concorrência. Diversas iniciativas ocorreram nesse sentido, com aposta no que se intitula de publicidade nativa. Seguiram o jornal veículos como *Hearst*, *The Post*, *BBC*, *The Guardian* e *The Wall Street Journal*. Além disso, o *San Francisco Chronicle* abrigou uma *startup* com o objetivo de, em vez de ser uma empresa de jornais produzindo *sites*, passar a ser uma empresa digital que, entre outros produtos, produz um jornal.

A inovação também atinge os jornalistas como profissionais. Veículos como *HuffPost*, *ProPublica* e *Newspapers Atlantic*, por exemplo, demandam de seus repórteres e editores fluência nas mídias sociais, incluindo o entendimento sobre quais títulos e fotos tendem a ter melhor desempenho em diferentes plataformas. Além disso, esperam que os repórteres promovam seus próprios números de tráfego e sejam capazes de procurar e propor as melhores práticas. Mudou também a lógica da elaboração das matérias. Nos veículos, é cada vez mais comum o editor reunir-se com especialistas em pesquisa, *big data*, *social media* e relações públicas para desenvolver uma estratégia de promoção para cada história. E os repórteres devem enviar, além da matéria redigida, cinco *tweets* junto com cada matéria que apresentam.

Os veículos também descobriram que uma ferramenta fundamental para a promoção do jornalismo tem sido a mídia social. Por exemplo, as contas institucionais do *The New York Times* alcançam dezenas de milhões de pessoas, e as contas de repórteres e editores individuais atingem milhões de pessoas. Tais veículos aprenderam, entre outras estratégias, que um ótimo *post* no Facebook se tornou um dispositivo promocional obrigatório e que o impacto do aspecto social é ainda maior nos *smartphones*.

Além disso, cada jornalista, ao contrário do que sempre foi defendido nas universidades, deve saber fazer promoção – ou seja, atuar nas mídias sociais deve ser agregado ao fluxo de trabalho de repórteres e editores –, assim como ser um ótimo contador de histórias.

De acordo com a pesquisa de Costa e Alahmar (2017), é preciso adotar novas estratégias para um leitor estimulado à exaustão e desapegado das velhas formas de se informar. Nesse sentido, algumas características para se fazer presente no novo cenário incluem abordagens diferenciadas e formatos no ambiente *on-line*, a busca de novos modelos de negócio para rentabilizar, o entendimento de que não há mais mediação entre marcas e consumidores, bem como a mudança na forma colaborativa de elaborar conteúdos, com o apoio de especialistas, pesquisadores e consultores.

A palavra *inovar* está em todos os discursos sobre avanços econômicos, industriais, técnicos, sociais e tecnológicos. No entanto, a inovação não ocorre apenas por meio de uma ordem aos colaboradores. Nossa educação convencional contribuiu para inibir futuros inovadores, porque formatou padrões de comportamento e, assim, criou gerações aptas a obedecer ordens, apertar parafusos, e não se aventurar a questionar.

Peter Drucker, em suas diversas passagens por empresas, questionava em que momento se perdeu a capacidade de inovação, porque as pessoas não criam nem inovam no ambiente atual. Em certa ocasião, Drucker pediu às pessoas que levantassem as mãos se houvesse muita gente inútil em suas empresas, e muitas responderam afirmativamente. Então, o mestre arrebatou: "As pessoas já eram inúteis quando vocês as entrevistaram e decidiram contratá-las ou se tornaram assim posteriormente?" (Drucker, citado por Maslow, 2000, p. 16). Isso dá uma pista de que as empresas geralmente são ambientes para pouca inovação, porque, assim como os seres humanos, tendem a permanecer na zona de conforto, uma realidade orgânica que precisamos combater.

Estudo de caso

Reinvenção constante

Silvia Elmor é um exemplo de que os profissionais precisam se reinventar permanentemente. Formada em jornalismo em 2001, ela tinha tudo para seguir a carreira do jornalismo tradicional, com passagens por veículos como Rádio Educativa, SBT local e *Jornal do Estado* (atualmente chamado de *Bem Paraná*). Entretanto, foi em um dos estágios, na Deiró Produções, que se apaixonou pela área de comunicação e *marketing*. Lá, teve a oportunidade de assumir a assessoria de imprensa de um candidato a deputado.

> Essa experiência me incentivou a seguir um caminho diferente, e abri minha primeira agência ainda no último ano da faculdade, atuando com clientes de menor porte, de áreas diversas. O objetivo era oferecer algo diferenciado para o mercado, romper com algumas formas estabelecidas de atuação, de entrega de resultado, de visão de negócio. (Elmor, 2018)

Mas, sendo jovem, ela enumera os percalços que encontrou pelo caminho como empreendedora:

> Primeiro, a falta de conhecimento de administração e de finanças. Segundo, o fato de ser mulher e jovem. Terceiro, a falta de

profissionais com perfil – e vontade – para atuar em assessoria de imprensa (todos os jovens formandos queriam trabalhar em veículos de comunicação com o sonho de se tornar a próxima Ana Paula Padrão ou o Zeca Camargo!). Quarto, o preconceito dos jornalistas de veículos tradicionais para com as assessorias de imprensa. E, por último, a enorme carga tributária e a falta de incentivos do governo para jovens empreendedores. (Elmor, 2018)

Depois de dez anos como dona de agência com foco em assessoria de imprensa, ela percebeu que era preciso inovar na maneira de comunicar e de conectar marcas a pessoas.

Por isso, em 2009, me associei a outro empresário que atuava com *marketing* digital e, juntos, montamos a agência Vogg[1]. Fomos a primeira agência do Paraná a atuar com essa *expertise* e fomos bem recebidos pelo mercado por trazer algo inovador para o momento da comunicação no Brasil. (Elmor, 2018)

Com 22 funcionários diretos e uma ampla rede de parceiros e colaboradores, acionados por afinidade aos projetos desenvolvidos pela Vogg, Silvia conquistou grandes contas nacionais

---

1   A página da Vogg pode ser acessada pelo seguinte endereço eletrônico: <http://www.vogg.com.br/>. Acesso em: 15 out. 2019.

com muita dedicação, afinco e entendimento de qual é a melhor experiência de um consumidor com uma marca.

À frente da Vogg, Silvia traz o inconformismo próprio dos empreendedores com visão de longo prazo e atentos às transformações do mercado. A esse respeito, a jornalista aconselha:

> Não se acomode jamais! O mercado e as pessoas estão em constante mudança e o que funciona hoje pode não ser efetivo amanhã. Buscar referências em outros segmentos e países também é importante. O intercâmbio de gerações também é crucial para a sobrevivência de qualquer negócio, não somente o de comunicação. Precisamos estar sempre atentos às necessidades das pessoas, a seus anseios e a seus desejos – para assim conseguir entregar algo pertinente e útil. Parcerias também são importantes: não se feche jamais na crença de que é possível construir tudo sozinho. Trocar experiências é sempre positivo. Manter a ética e os valores humanos e exercitar a empatia também são pontos que garantem a longevidade de uma empresa. (Elmor, 2018)

Considerando o sucesso obtido por Silvia Elmor, de que forma você se reinventa dentro do jornalismo? Como agregar novas competências para se preparar para outros desafios? Essa é a lógica que fará cada vez mais sentido para os jornalistas.

Com a competitividade cada vez mais acirrada e os produtos comoditizados, ou seja, sem diferenciação entre si, inovar passou a ser uma regra, um estado de atenção constante. Nesse sentido, observamos um desencaixe entre essa necessidade e a capacidade dos profissionais de responder a tal situação. As próprias empresas estão criando maneiras de estimular os colaboradores a inovar e, enquanto não existir terreno propício no mundo hierarquizado, dar opiniões pode soar como algo proibido.

Inovar significa transformar ideias em resultados, os quais podem ser uma mudança, um comportamento, uma redução de gastos ou um maior aproveitamento de recursos. Em um artigo escrito por Sérgio Gualdi Ferreira da Silva Filho (2015), o autor menciona dois elementos que tangenciam a área: o alto grau de incerteza dos projetos e os enormes impactos quando as ideias não dão certo.

Seja qual for a organização – e a comunicação também vive um momento de se reinventar e buscar novos caminhos –, a inovação envolve quatro fases:

1. **Idealização** – De forma espontânea ou induzida, para identificar as oportunidades e as ideias geradas.
2. **Conceituação** – Aprofundamento da oportunidade por meio de pesquisas para aumentar as chances de êxito e reduzir o grau elevado de incerteza, analisando a viabilidade técnica e comercial.

3. **Experimentação** – Refere-se às respostas às hipóteses em relação a determinada ideia. A experimentação é necessária para passar à quarta fase da cadeia de valor e inovação.
4. **Implementação** – Refinar, prototipar e testar a ideia e pilotar o projeto a ser executado em larga escala.

Contudo, nem todos têm perfil para inovar. Há pessoas com enorme capacidade para identificar oportunidades, enquanto há quem se saia melhor desenvolvendo-as com base em um projeto embrionário, além de outros que são ótimos executores. Todos, cada um em sua área, complementam-se e geram grandes resultados em equipe. Assim, busque identificar esses perfis em sua equipe, para que sua empresa crie inovações constantemente, garantindo sua sobrevivência. Exemplo disso é o perfil de Walt Disney, que tinha um espírito visionário e vivia com a cabeça no futuro. Muito do império construído no decorrer dos anos deve ser atribuído ao seu irmão mais velho, Roy, o executor de suas ideias. Foi Roy quem fundou a Buena Vista Distribution Company e criou o negócio de *merchandising* que transformou os personagens Disney em nomes familiares e máquinas de ganhar dinheiro (Sinek, 2012).

Síntese

Neste capítulo, detalhamos as transformações ocorridas na sociedade, na cultura e na mídia, as quais influenciaram diversos setores da economia, incluindo o modelo do negócio jornalístico e a profissão de jornalista. Se antes éramos formados para atuar em veículos de comunicação de modo preponderante, agora precisamos expandir nosso olhar para além da práxis jornalística. De acordo com estudos sobre o futuro do trabalho, as pessoas acreditam que terão cada vez menos estabilidade no emprego. Paralelamente a esse cenário em transformação, a sociedade midiatizada passou a observar a coexistência de vários narradores e produtores de conteúdo, enquanto a verba publicitária dos veículos de comunicação e seus anunciantes começaram a migrar para o ambiente *on-line*. Isso tudo vem causando grandes impactos na lógica de produção jornalística, como demissões de profissionais e, consequentemente, sobrecarga para os jornalistas que permanecem na empresa e passam a acumular funções. Por isso, a inovação vem como palavra de ordem desses tempos para combater a obsolescência como profissionais atuantes no mercado, que exige uma contínua reinvenção. Estamos diante de um leitor cuja atenção é estimulada à exaustão e, ao mesmo tempo, desapegado das velhas formas de se manter informado.

Com isso, são necessárias novas estratégias para cativar esse leitor, incluindo até mudanças na forma de abordagem nas redes sociais, nos títulos e nas chamadas, que nos aproxima da publicidade e de sua forma de cativar o público.

Questões para revisão

1. Faça uma correlação entre o surgimento da internet e das mídias sociais, a teoria da agenda, de Maxwell McCombs, e as mudanças ocorridas na dinâmica informacional.

2. Analise o seguinte excerto, retirado de uma pesquisa feita pela Interbrand e já reproduzido neste capítulo:

> Cansamos de sujar nossos dedos. O tempo em que ler um jornal do tamanho do velho testamento era um ritual sagrado de todo domingo acabou. Os antigos cânones da mídia brasileira (e mundial) já não nos representam mais. As redações mais ortodoxas diminuíram. Surgiram novos messias. E, com eles, surgiram também novos falsos profetas. Para piorar, o dilúvio da informação infundada e hiperfragmentada nunca foi tão grande. (Costa; Alahmar, 2017)

A partir dessa provocação, explique de que forma o jornalista pode ganhar relevância nos dias atuais.

3. Analise as seguintes sentenças e assinale a única alterativa correta:
   a) Com o fenômeno da globalização, a informação continua tendo como principal mediador o jornalista, que leva a notícia ao público.
   b) No cenário atual, todo mundo pode produzir conteúdo. Cada pessoa pode se tornar fotógrafo, realizador de vídeo e, até mesmo, jornalista, contribuindo para a difusão de informação.
   c) Repórteres e editores precisam entender apenas de elaborar notícias de excelência, sem se preocupar com a publicação em mídias sociais, já que nas redações atuais há profissionais que cumprem essa função.
   d) Jornalistas não podem fazer sua autopromoção, ou seja, atuar nas suas próprias mídias sociais.
   e) Estudos apontam no futuro que haverá empregos estáveis para todos.

4. Analise as seguintes asserções e assinale V para as verdadeiras e F para as falsas:
   ( ) Independente dos cenários que podem sobrevir, os jornalistas terão ocupações estáveis no futuro.
   ( ) No lugar dos guardiões da cultura de antes, qualquer pessoa com uma iniciativa pode se tornar influenciadora em sua rede de contatos.

( ) Com o acúmulo de funções, cabe ao jornalista realizar a pauta, redigir a matéria, fotografar e até filmar, se necessário. Além disso, ele deve criar títulos chamativos para seus textos e preparar manchetes para as redes sociais. Diante dessas múltiplas competências e da agilidade necessária para colocar uma matéria no ar, ele não tem mais o compromisso de apurar a notícia nem de ouvir os dois lados de uma mesma história.

( ) Matérias jornalísticas analíticas, investigativas e mais aprofundadas são exigências do público para que este tenha acesso a informações diferenciadas. Jornalistas que se dedicam a esse ramo do jornalismo realizam matérias no formato conhecido como *longform*.

A seguir, indique a alternativa que apresenta a sequência obtida:

a) V, F, F, F.
b) F, F, F, V.
c) F, V, F, V.
d) V, F, F, V.
e) V, V, F, F.

5. Assinale a única alternativa correta:
   a) O que atualmente funciona no jornalismo vai continuar sendo efetivo no futuro da profissão.
   b) Jornalistas elaboram conteúdos sem o apoio de especialistas, pesquisadores e consultores.
   c) Quem quer inovar em jornalismo só precisa apurar bem os fatos e ter articulação para transformar informações em notícia.
   d) Possivelmente, a categoria dos copistas tenha sido a primeira a experimentar um fenômeno que seria comum um século mais tarde: a extinção sumária de toda uma ocupação decorrente do surgimento de uma nova tecnologia.
   e) McQuail define a conversa presencial como uma mídia de comunicação interpessoal.

Questões para reflexão

1. Considerando o que foi estudado neste capítulo, pesquise e disserte a respeito de como podem ser as profissões no futuro.

2. Ainda existem oportunidades na internet para o jornalista? Como esse profissional pode buscá-las?

3. Que novas atribuições devem ser adquiridas pelo jornalista com o advento da internet, a popularização das redes sociais e o enxugamento das redações?

4. Como unir jornalismo e retorno financeiro, se cada vez mais as pessoas dependem menos da mídia para se informar?

5. Inovação em jornalismo é possível? Proponha uma reflexão a esse respeito e traga exemplos disso.

Capítulo
03

Configurações do jornalista empreendedor

Conteúdos do capítulo

- Como se tornar um empreendedor jornalista.
- O mercado para os profissionais autônomos e *freelancers*.
- Reputação de profissionais, marcas e organizações.
- O universo dos *stakeholders* de uma organização.
- Como criar seu próprio portal de notícia.
- A teoria da cauda longa aplicada ao jornalismo.

Após o estudo deste capítulo, você será capaz de:

1. identificar as características do jornalista empreendedor;
2. reconhecer algumas categorias de atuação;
3. debater sobre jornalismo e empreendimento;
4. identificar as competências necessárias ao jornalista empreendedor.

Na formação acadêmica do jornalista, eles sempre foram moldados a saírem da faculdade e exercerem cargos como empregados, para subir a escada corporativa. Porém, nunca lhes ensinaram a possibilidade de criar a própria escada, ou seja, empreender. Diante dos inúmeros desafios da sociedade e do cenário econômico, que cada vez menos necessita da atuação de pessoas, gerar a própria empregabilidade é um debate urgente. Mais do que nunca, os jornalistas precisam olhar para si mesmos como empreendedores, colocando à disposição do mercado suas qualidades, que são inúmeras. Se antes tinham o lugar físico das redações, hoje têm a possibilidade de serem nômades digitais, de criarem seu próprio espaço no mercado de trabalho, com peito aberto e investidos do medo e da coragem que essa decisão incita. Nesse sentido, neste capítulo, procuraremos demonstrar quais são alguns desses caminhos, sem a pretensão de dar respostas, mas, somente, deixar indagações para que possamos nos questionar sempre sobre onde estamos e aonde queremos chegar.

3.1
O jornalista empreendedor

O exercício da função ética da profissão de jornalista sempre pressupôs manter imparcialidade e servir de mediação entre a informação e o público. Para os teóricos, o papel do jornalista pode ser considerado o de um profissional neutro, que tem a missão de ser intérprete das informações, ou de um participante ou ativista, sendo representante do público e crítico ao governo. Só o debate sobre essas questões já renderia um capítulo à parte, mas nos interessa aqui situar o olhar do jornalista como um profissional autônomo que tem como função a "qualidade do trabalho realizado, a confiabilidade das informações publicadas, a honestidade do propósito e os benefícios almejados para a sociedade" (McQuail, 2013, p. 271).

Com esses critérios, surge a figura do jornalista empreendedor. Assim, as faculdades devem ir além do *modus operandi* do jornalista e preparar os futuros profissionais para criarem seus próprios empregos ou suas próprias empresas. Nas palavras de Cohen, o jornalismo empreendedor tem menos relação com o ensino de habilidades específicas e está mais atrelado "a um esforço para orientar jornalistas individuais em direção a uma ideologia empresarial, aprofundando os laços do jornalismo com as relações de mercado e minando o seu potencial como um bem social, cultural ou público" (Cohen, 2017, p. 134). A existência de jornalistas que partem para o mercado empreendedor ainda é uma questão muito polêmica, mas é uma realidade cada vez mais presente, conforme pode ser observado nos estudos de caso apresentados nesta obra.

Deriva desse cenário um profissional que tem possibilidades amplas de dispor de sua força de trabalho de forma autônoma, independente, seguindo seu próprio ponto de vista com uma linha editorial transparente, o que nem sempre é notório na imprensa tradicional. E Cohen (2017, p. 132) ainda indica uma terceira via de atuação:

> O jornalista empreendedor é um indivíduo empreendedor que não confia em organizações tradicionais de mídia e que pode traçar seu próprio caminho para o sucesso. Ele é um trabalhador neoliberal ideal: flexível, desapegado e adaptável. Ele abraça novas tecnologias e práticas 'inovadoras' para reinventar o jornalismo como algo socialmente relevante, mas também lucrativo.

Ao contrário do que foi comumente atribuído a graduações de administração e a outros cursos da área de gestão empresarial, agora é cada vez mais necessário debater o empreendedorismo nas faculdades de jornalismo, uma vez que estamos, de um lado, diante de um mercado em reconfiguração e, de outro, da atuação crescente de jornalistas na iniciativa privada. Em uma época em que a incerteza é a única certeza, os jornalistas precisam criar novas competências para se manter em um mundo sem empregos. Bridges (1995) aponta para uma situação que já existe: o emprego para a vida inteira morreu, sendo que atualmente a estabilidade de emprego reside na pessoa, e não mais no cargo ocupado, o que vai depender de três características:

1. **Empregabilidade** – Ser atrativo para os empregadores, e isso envolve reunir as capacidades e atitudes de que o empregador precisa no momento.

2. **Mentalidade de fornecedor** – Ser um empregado tradicional e leal não é mais vantagem. Por isso, pare de pensar como um empregado e passe a pensar como um fornecedor externo que foi contratado para realizar uma tarefa específica.

3. **Elasticidade** – As organizações de hoje operam em um ambiente turbulento e, por isso, o profissional capacitado será aquele que tiver capacidade de vergar e não quebrar, de abrir mão do que está defasado e aprender o novo, de ter resiliência para se recuperar rápido de uma decepção, de viver nesse sobe e desce de incertezas e encontrar seu equilíbrio mais internamente do que externamente (a chamada *inteligência emocional*).

Você está pronto para fazer esse movimento? Quais são as características que o definem como profissional? Neste capítulo, analisaremos diversas modalidades de empreendedorismo para profissionais da comunicação.

3.2
Jornalismo autônomo

Ao ver-se fora do mercado formal, o jornalista é dono de sua própria mão de obra e pode dispor de sua força de trabalho. É aí que surgem as oportunidades para atuar como jornalista autônomo ou *freelancer* em veículos de comunicação, assessoria de imprensa, agências de publicidade que demandem redator ou organizações. Sobre o jornalismo *freelancer*, Rainho (2008) elenca as seguintes categorias:

- Empregado *freelancer* – Atua fixo em uma empresa jornalística e faz alguns trabalhos extras em outra empresa.
- Estudante ou recém-formado *freelancer* – Trata-se de uma oportunidade para ingressar no mercado, embora a pouca experiência dificulte esse processo.
- Desempregado *freelancer* – Para esse profissional, há três caminhos, como conseguir outro emprego, profissionalizar-se como *freelancer* ou mudar de ramo.

- *Freelancer* profissional – Jornalista que opta por empreender e prestar serviços de maneira regular, emitindo Recibo de Pagamento Autônomo (RPA) ou Nota Fiscal via empresa formalmente constituída.

Se você for atuar como jornalista autônomo ou estiver na outra ponta – contratando profissionais nessa modalidade –, é importante saber que o profissional recebe pelo trabalho pontual e não é assalariado, pois sua contratação é temporária e sempre vinculada a um projeto específico. No Brasil, não existe uma legislação que regulamente exclusivamente o trabalho de *freelancer*, mas há obrigações, direitos e deveres a cumprir. Seguem algumas precauções:

- Elabore um contrato padronizado para esse tipo de contratação, combinando etapas e forma de pagamento. O jornalista autônomo pode receber por RPA, mas a alíquota é muito elevada, o que tem atraído diversos profissionais para abrir sua própria empresa como microempreendedores individuais, conforme comentaremos adiante.
- Não atribua a um *freelancer* o trabalho essencial. Logo, evite cláusulas com cumprimento de jornada diária, semanal ou mensal, fiscalização, controle, remuneração mensal, indeterminação de prazo, dependência técnica ou econômica etc.

- É importante deixar evidente qual é o objetivo do trabalho pontual, quais são os prazos para a finalização, bem como alinhar possíveis dúvidas ou questões diretamente com a empresa.

Jornalistas são profissionais híbridos, ou seja, têm capacidade para atuar em diversos ambientes. Saem das redações como repórteres para assumir assessorias de imprensa de órgãos públicos ou privados, integram as áreas de *marketing* ou partem para negócios próprios como donos de agências de assessoria de imprensa, portais de notícia ou como consultores. Ou tudo isso misturado. De acordo com o último levantamento feito pela Federação Nacional dos Jornalistas (Fenaj) (Bergamo; Mick; Lima, 2012), 40% dos jornalistas brasileiros atuam fora da mídia, ou seja, em assessoria de imprensa ou em outras atividades que demandam conhecimento jornalístico. Para calcular o valor do trabalho, cada sindicato pratica sua tabela salarial como base em relação à prestação de serviços por hora de trabalho ou por um valor mensal.

Por essa flexibilidade, o jornalista já possui um perfil adequado ao que os especialistas denominam profissional do futuro. Mudança de paradigmas é a palavra-chave para o mercado de trabalho, basta verificar as mudanças ocorridas no negócio do jornalismo e em várias outras áreas. Bridges (1995) chama esse movimento de desaparecimento dos empregos (*dejobbing*), um processo irreversível e que vem tomando conta do mundo lenta e gradativamente. No entanto, a boa notícia é que "a nova vocação existe dentro de cada campo, porque requer não que produzamos alguma coisa nova em particular, mas, ao contrário, que desenvolvamos uma nova maneira de sermos produtivos" (Bridges, 1995, p. 250).

Do mesmo modo, os profissionais precisam estar preparados para olhar mais para as entregas do que para as demandas. É isso que vai fixá-los aos projetos. Os indivíduos agora são negócios, e as organizações não precisarão mais de tantos funcionários: "O futuro programa de desenvolvimento de empregados vai assemelhar-se muito mais a um programa para empresários autônomos do que a um programa para empregados" (Bridges, 1995, p. 184). É fato que há profissionais cuja carreira é formada por um aglomerado de funções, pois são capazes de fazer várias coisas ao mesmo tempo, sem ter foco em apenas um cargo. Nesse aspecto, você vai perceber que sua atitude como um "*eu-business*" abre um leque de oportunidades para uma carreira composta, com diversas possibilidades de trabalhos. Porém, é cada vez mais notória a abertura de vagas na área de comunicação em que o profissional se vincula por um contrato PJ (pessoa jurídica), acarretando perda de benefícios trabalhistas.

Estudo de caso

Jornalismo híbrido: sim, é possível!

Carreira híbrida é o que pode ser considerada a trajetória da jornalista Patrícia Giannini. Com 23 anos de carreira e após breves passagens por veículos de comunicação, ela foi autônoma por cerca de oito anos. Depois desse período, atuou na implementação da comunicação interna em uma multinacional automotiva. Passado o período de licença-maternidade, foi surpreendida com a demissão e, a partir daquele momento, abriu uma empresa de consultoria chamada SempreMais Comunicação, com o objetivo de concorrer a licitações. Mas nunca deixou de sondar o mercado formal de trabalho: "Nos tempos em que eu atuava com a empresa acabava sempre surgindo oportunidade em algum lugar onde a renda financeira seria maior do que na empresa" (Giannini, 2018).

Assim, Patrícia sempre manteve a empresa aberta e, em alguns períodos, chegou a ter uma sócia, cuja parceria se dissolveu, e agora mantém jornalistas associados: "Eu vejo minha empresa como um resguardo para os períodos em que eu não esteja colocada no mercado. Aí basta colocar a pasta debaixo do braço e sair prospectando clientes" (Giannini, 2018). Atualmente, ela está contratada como CLT em um órgão de classe. Essa tem sido a realidade de muitos jornalistas nesse ambiente de altos e baixos da economia.

3.3
Assessoria de imprensa

A atividade de assessoria de imprensa talvez seja a forma de empreendedorismo clássica a que os jornalistas se dedicam há várias décadas. Ela pode ser conceituada como o gerenciamento do relacionamento e dos fluxos de informação entre fontes de informação e a imprensa. Entre as fontes para a mídia, encontram-se setor público, organizações privadas, organizações não governamentais (ONGs), figuras artísticas, políticos, profissionais liberais, entre outras. De acordo com Kunsch (2003, p. 169), "é uma das ferramentas essenciais nas mediações das organizações com o grande público, a opinião pública e a sociedade, via mídia impressa, eletrônica e internet".

Não é de hoje que os jornalistas atuam em assessoria de imprensa. No Brasil, esse movimento teve início progressivo entre as décadas de 1960 e 1980, com a instalação das grandes montadoras no país, que trouxeram essa cultura de seus países de origem, conforme nos indica Matos (2008, p. 69):

> Os anos de 1980 consolidaram a área de comunicação nas empresas, que buscavam divulgação de sua imagem institucional e dos seus produtos e serviços pelas assessorias de imprensa. Muitas empresas como Petrobras, Embratel e Companhia Vale,

consolidaram grandes sistemas de comunicação, envolvendo as áreas de assessoria de imprensa, comunicação interna e relações públicas.

Mesmo antes disso, muitos profissionais começaram a atuar nos governos da ditadura militar, o que naturalmente criou entre os jornalistas de veículos de comunicação uma rejeição ao modelo então implantado. Passados vários anos, ainda hoje existe certo estranhamento entre jornalistas de veículos de comunicação e jornalistas de assessoria de imprensa. Mas tal situação vem sendo superada graças ao profissionalismo das agências e ao maior entendimento do mercado sobre a atuação do assessor de imprensa. No entanto, isso não impede que existam situações desagradáveis envolvendo a assessoria de imprensa e os clientes, conforme exposto no *box* a seguir.

Dez erros cometidos na relação entre assessores de imprensa e clientes

Empresas de assessoria de imprensa e profissionais da área narram os principais erros cometidos na relação entre assessores de imprensa e seus clientes. Experiência vivida na pele e que demanda, por parte da agência, o esclarecimento quanto às expectativas do trabalho a ser realizado, para que o contratante esteja ciente da dinâmica de uma assessoria de imprensa e do relacionamento com a mídia. São estes os dez principais erros cometidos pelo cliente:

1. Ditar o *release* ao assessor.
2. "Corrigir" incorretamente algumas grafias do *release*.
3. Achar que tudo é notícia.
4. Duvidar da capacidade de julgamento do assessor de imprensa.
5. Demorar duas semanas para devolver o *release* aprovado.
6. Discriminar veículos de comunicação de menor porte para conceder entrevista.
7. Deixar de contratar fotógrafo profissional em eventos.
8. Conceder entrevista direto ao jornalista sem conhecimento da assessoria de imprensa.
9. Exigir mídia nacional quando seu produto/serviço gera apenas divulgação local.
10. Exigir do assessor de imprensa que o jornalista utilize o *release* na íntegra.

Os assessores de imprensa certamente têm outros itens a acrescentar a essa lista, mas a que apresentamos já concentra muitas das situações vividas por esses profissionais. Para cada questão, há razões que não são aleatórias e não têm o propósito de gerar conflito. Ao contrário, o objetivo é justamente produzir frutos para os clientes, com base no conhecimento do processo de funcionamento da assessoria de imprensa e na verdadeira construção de relacionamento não só com a imprensa, mas também com o cliente. Afinal, a confiança de ambas as partes é fundamental, e é importante frisar que, do mesmo modo que as assessorias precisam conhecer o negócio do cliente, é prioritário que elas formulem um manual antes do início do trabalho, para facilitar a relação e otimizar o trabalho.

Além do natural movimento do mercado, o enxugamento nas redações também tem levado jornalistas a atuar em empresas de assessoria de imprensa, tanto em agências que realizam o serviço de forma terceirizada para organizações quanto em empresas privadas ou públicas que incorporam essa atividade nos departamentos de comunicação e *marketing*. Seja qual for o formato, o objetivo da assessoria de imprensa é o mesmo: realizar a gestão da comunicação entre organizações e imprensa. A meta é consolidar a credibilidade e reforçar a reputação da imagem diante de seu público por meio de mídia espontânea. Há teóricos de administração que colocam a atividade de assessoria de imprensa como uma ferramenta da propaganda, pelo fato de ser responsável por propagar informações. Discordamos desse posicionamento, por se tratar de um *modus operandi* diferente do da publicidade e propaganda. Nossa ferramenta são as informações geradas por organizações e que, após filtragem pelo assessor de imprensa, são transformadas em *releases* à imprensa, sempre obedecendo aos valores-notícia, conforme preconiza o exercício do jornalismo.

Por isso, a assessoria de imprensa não se refere apenas a propagar informação, pois trata-se de uma atividade que necessita de um critério estratégico sobre propósito, público-alvo, abordagem e relacionamento. Além disso, o assessor de imprensa, como dono de agência, precisa entender de gestão ou ter uma equipe multidisciplinar que dê conta de administração, prospecção de clientes, contabilidade, gestão de recursos humanos (RH) e finanças, conforme analisaremos mais adiante. É, portanto, um escopo muito maior do que o do repórter, que recebe a pauta, entrevista, formata a matéria e a entrega ao editor. Exige, assim, mais planejamento, bem como um plano de negócios de curto, médio e longo prazos, além de muita perseverança, já que, como qualquer outro negócio, o lucro não vem da noite para o dia.

Em um cenário em que a sociedade exige, cada vez mais, transparência quanto às decisões que afetam todos os atores sociais, as organizações não podem desconsiderar o trabalho da assessoria de imprensa na interlocução com a imprensa e a opinião pública.

> Uma das razões principais do crescimento e da intensidade das relações entre as organizações e a imprensa é a necessidade de aquelas se comportarem como sistemas abertos

e, portanto, sensíveis ao ambiente externo e aos anseios da sociedade. Com as mudanças no mundo político, econômico e social, as organizações, sejam de que tipo forem, precisam estar sintonizadas com todo esse processo, pois, do contrário não subsistirão. (Kunsch, 2003, p. 191)

No ambiente de *hard news* pelo qual se orienta a mídia, geralmente a notícia é aquela que afeta diretamente a população, o que torna a atuação do assessor de imprensa ainda mais estratégica. Em um excesso de informação oriundo de todos os pontos de relacionamento do jornalista, como chamar a atenção para o cliente? A palavra-chave é *relevância*, o que nem sempre é entendido pelo cliente: "O que é relevante aos olhos de um jornalista pode ser muito diferente do que é relevante na percepção de um empresário, político ou executivo" (Netto, 2017, p. 42).

É comum, no entanto, ainda nos depararmos com solicitações absurdas por parte dos clientes, o que demanda certa alfabetização sobre o verdadeiro papel do jornalista assessor de imprensa. Nesse aspecto, cabe à assessoria de imprensa atuar com transparência e não prometer o que não poderá cumprir – por exemplo, inserir uma fonte em uma reportagem no *Jornal Nacional* ou no *Fantástico* ou em outro veículo de alcance nacional quando o universo do cliente é local ou, no máximo, de alcance estadual. É possível ser relevante, desde que sejam abordados os veículos adequados para isso: "Uma revista como a Exame, por exemplo, não tem em seu radar empresas com faturamento inferior a 300 milhões de reais anuais" (Netto, 2017, p. 45). Deve-se levar em consideração, também, os fatores que envolvem a relevância e que devem ser observados na relação entre assessor de imprensa e cliente:

> A relevância jornalística também vai depender de outros fatores, como tamanho do negócio, número de pessoas envolvidas, importância econômica e social do setor ou empresa. Para todo tipo de negócio há algum veículo especializado. Hoje proliferam periódicos especialistas em pequenas e médias empresas, ávidos por contar histórias de gente que saiu do nada e começa a viver o sucesso empresarial, ainda que em pequena escala. (Netto, 2017, p. 44)

Logo, é atribuição da assessoria de imprensa fazer um trabalho exploratório para descobrir boas histórias e que nem sempre são percebidas pelos donos da empresa, porque estes podem ser exímios gestores, mas não têm o olhar para a notícia – que é próprio do jornalista assessor de imprensa. Além disso, como muitos assessores já atuaram em veículos de comunicação, cabe a esses profissionais – e não ao dono da empresa ou ao gestor de *marketing* – alinhavar a melhor estratégia de abordagem.

Primeiramente, nem tudo é notícia como supõem os clientes. Essa triagem é atribuição do assessor de imprensa, o que nem sempre é uma tarefa fácil, porque o empresário tem a ideia equivocada de que, quanto mais *releases* enviar à imprensa, mais será notado. No entanto, agindo dessa forma, o efeito obtido será justamente o contrário, uma vez que já de início essa prática causará rejeição, e quebrar essa barreira se tornará cada vez mais difícil.

Em segundo lugar, precisamos de uma vez por todas praticar a segmentação de mercado, ou seja, separar o *mailing* de veículos de comunicação, editorias e jornalistas que serão abordados conforme o tema do cliente. É comum a pressão pelo maior número possível de publicações na imprensa, o que por vezes nos leva a cometer o erro de massificar o envio de *releases* sem nenhuma filtragem. Abarrotar a caixa de entrada do jornalista não é, nem nunca foi, uma boa estratégia. Para termos uma ideia, só a jornalista Mônica Bergamo, da *Folha de S.Paulo*, recebe por dia cerca de 2 mil mensagens eletrônicas como sugestão de notas (Netto, 2017).

Estudo de caso

O desafio da gestão empresarial em assessoria de imprensa

Na década de 1990, era comum nas redações separar as pautas em prioridades. Assim, quando nos deparávamos com a sigla NQM (nem que morra), escrita gentilmente pelo pauteiro ao lado do tema, sabia-se que aquela pauta tinha que ser cumprida a todo custo e com total prioridade dentre as pautas recebidas no dia, que variavam de três a cinco.

Foi pensando nesse jargão que os jornalistas Sérgio Wesley e Mônica Santanna utilizaram a sigla para fundar sua própria assessoria de imprensa e partir para o empreendedorismo. Ambos já tiveram passagens por grandes veículos do Paraná e do Brasil. Sérgio Wesley já tinha atuado como repórter e editor no *Jornal do Estado*, na *Gazeta do Povo*, na *Folha de Londrina* e na Agência Multipress, além de ter feito trabalhos como *freelancer* para a revista *Veja*, o *Jornal Brasil* e *O Estado de S. Paulo*. Mônica Santanna, por sua vez, era correspondente da Agência Folha, em Curitiba, e tinha uma atividade intensa por cobrir todas as áreas.

> Decidimos empreender diante de diferentes impasses das nossas carreiras profissionais. Eu era repórter especial da *Folha de Londrina*, tinha o maior salário de repórter em redação da

> cidade e não tinha mais para onde crescer na reportagem, na qual queria continuar atuando. Para crescer na reportagem, eu propus à minha mulher uma mudança de cidade. Queria ir para São Paulo ou Brasília, buscar espaço em veículos nacionais, mas ela não concordou e precisei me reinventar profissionalmente. Unimos as duas necessidades de mudar a vida profissional e criamos nosso negócio. (Wesley, 2018)

Segundo ele, essa transição foi um desafio porque ambos eram crias de redação e, de alguma maneira, abandonar um histórico bem-sucedido em jornalismo representou ressignificar a própria carreira.

> Gostamos da reportagem, temos vocação para o jornalismo investigativo e tínhamos certo preconceito com a atividade de assessoria de imprensa. Mudar de lado do balcão foi um exercício para provarmos para nós mesmos que assessor de imprensa também precisa ser um bom jornalista e um bom repórter. (Wesley, 2018)

Outro desafio encontrado em seu caminho foi a gestão empresarial, porque na faculdade não havia na grade qualquer disciplina de empreendedorismo, o que obrigou ambos a aprenderem por conta própria, ou seja, testando, errando e acertando. Outra preocupação que tiveram, pois é um tema administrativo que não se aprende nos bancos da faculdade, foi a escolha do regime tributário e do tipo de empresa. A NQM é uma sociedade civil limitada de lucro presumido, com carga tributária na ordem de 17,5% em média. "Nunca cuidamos pessoalmente das questões administrativas e financeiras. Desde o início, tivemos profissionais para comandar essas áreas. Nossa primeira gestora financeira foi minha mulher, Júnia, e hoje a nossa gestora é minha filha, Rebecca" (Wesley, 2018).

Atualmente, qual desafio se apresenta para os jornalistas empreendedores no que se refere ao aprendizado de questões administrativas e da área financeira? O que é necessário em termos de bagagem técnica para dar conta da gestão como um todo? Essa é uma questão que certamente pode gerar um debate interessante.

3.4
Comunicação interna

Comunicação interna é outra área de atuação dos profissionais da comunicação cuja prestação de serviço pode ocorrer dentro das organizações, com o jornalista alocado, geralmente, nas áreas de RH ou de *marketing* ou então como consultor terceirizado. Por comunicação interna entende-se o gerenciamento do fluxo de informações internas de modo a contribuir para a concretização de metas e objetivos, além de possibilitar o equilíbrio entre as várias áreas que compõem uma empresa. Ordenar os fluxos de comunicação formal e informal parece já não fazer sentido em um mundo em rede. De acordo com Soares e Gáudio (2017, p. 10): "Expressões como 'rádio peão', 'chão de fábrica' etc. estão em xeque. Todos querem e têm o direito de ser ouvidos sobre uma grande variedade de assuntos". Os autores também trazem a seguinte definição sobre comunicação interna: "trata-se de um conceito amplo que abrange as múltiplas formas de agendamento estratégico e de diálogo que ocorrem no contexto interno das organizações, visando mapeá-las e influenciá-las" (Soares; Gáudio, 2017, p. 18). Bueno (2014a) também vai além do modelo operacional ao qual os profissionais dessa área foram relegados:

> A comunicação empresarial não se limita aos *house-organs* tradicionais, insossos, insípidos, produzidos com a mão forte da censura e da autocensura, mas se nutre da comunicação dialógica e democrática, da espontaneidade que caracteriza a chamada 'radio-peão', demonizada equivocadamente por gestores inseguros e autoritários. Ela contempla as redes e as mídias sociais como espaços de interação e conversa, convicta de que o protagonismo dos públicos e dos consumidores é vital para o futuro dos negócios. (Bueno, 2014a, p. 19)

Nesse contexto, a liderança tem papel essencial na comunicação democrática, porque parte dela a forma como a organização, de forma implícita, funciona. Em administração, existem as teorias X e Y, pelas quais coexistem duas personalidades de colaboradores. Nesse sentido, o gestor pode pressupor que seus funcionários pertencem à categoria X, de colaboradores que não gostam do trabalho, são preguiçosos e têm aversão às tarefas, ou à categoria Y, formada por funcionários que assumem as responsabilidades e têm papel ativo na organização. Dependendo do ponto de vista da liderança, os colaboradores podem ter o tratamento condizente com esses pressupostos, gerando um ambiente controlador e com centralização, cobranças e insegurança (teoria X), ou um lugar em que as ideias são bem recebidas e que cultiva a autorresponsabilidade (teoria Y). A esse respeito, Matos (2006, p. 31) comenta: "Um ambiente favorável à comunicação interna, com lideranças empenhadas em promover e consolidar a cultura do diálogo, é capaz de encorajar a manifestação de ideias e sugestões que podem originar inovações e identificar soluções altamente rentáveis para a empresa". Se a opção do líder for por essa via, até a rede informal, tida como vilã nas organizações, pode se tornar mais um meio de integração entre os indivíduos que ali atuam:

> A comunicação interna, quando não absolutamente antidemocrática, pratica a participação consentida. Se o empregado tem ideias que reforçam o que pensam os dirigentes, está autorizado a falar; caso contrário (é assim que pensam e praticam os gestores democráticos), é melhor calar o bico,

porque a divergência de ideias e opiniões não é aceita com facilidade nos ambientes empresariais mais conservadores. (Bueno, 2014a, p. 25)

Sob essa ótica, Soares e Gáudio (2017, p 47) propõem um modelo para a gestão da comunicação interna formado por:

- Contexto: cultura, diagnóstico sobre relacionamentos, expectativas e demandas;
- Objetivos: aonde chegar, alinhamento estratégico, aderência cultural, nível de engajamento interno;
- Estratégias e processos: o que fazer e como conduzir, por meio de veículos, campanhas, eventos e apoio à comunicação da liderança;
- Avaliação e mensuração: os resultados, segmentados por relevância, significado e alcance.

Nenhuma estratégia de comunicação interna ocorre sem que a cultura organizacional esteja contemplada, e esta varia conforme cada estrutura empresarial. Além disso, não se trata da adoção pura e simples de ferramentas, mas de objetivos, processos e, em especial, mensuração dos resultados. Sem um desses elementos, a comunicação interna não se efetiva na organização.

Ao atuar na área da comunicação interna, o jornalista empreendedor serve como um instrumento de gestão empresarial, ajudando a organização a humanizar o ambiente de trabalho. A comunicação interna [...] atua principalmente em três frentes: é fundamental para os resultados do negócio, é um fator humanizador das relações de trabalho e consolida a identidade da organização junto aos seus públicos internos. (Matos, 2008, p. 101)

Mais do que nunca, caberá ao profissional que atua com comunicação interna servir como mediador dos fluxos comunicacionais, e não mais como um elo que represa informações. Em tempos de fronteiras diluídas entre o que é trabalho e lazer, não há mais sentido na separação entre o que é formal e informal, porque tudo comunica e precisa ser acolhido pelos gestores.

Estudo de caso

Comunicação interna com visão holística do ser humano

Adevani Rotter, empreendedora e diretora geral da empresa Ação Integrada, com 30 anos de experiência em comunicação interna, relata as mudanças ocorridas na área. Ela é responsável por criar o conceito de *Comunicação Interna 4.0* com base na Quarta Revolução Industrial que vamos viver de agora em diante. Formada em Relações Públicas e com especialização internacional em Comunicação Interna pela Associação Brasileira de Comunicação (Aberje), ela atua em processos de mudanças organizacionais, especialmente com visão integrada do ser humano e das organizações. Fundou a Ação Integrada em 1995, junto com seu sócio, Antonio Carlos Severiano, que hoje é diretor financeiro-administrativo da empresa e traz para a sociedade todo o pragmatismo de sua vivência na área da engenharia.

Há mais de 18 anos a Ação Integrada realiza pesquisas de comunicação interna para empresas de diversos portes e segmentos por todo o país.

Tradicionalmente, a principal fonte de informação sempre foi a "rádio-peão", seguida por canais e gestor ou por gestor e canais – nesse segundo caso, isso ocorre em organizações nas quais a comunicação é mais fluida.

Porém, em uma pesquisa realizada em 2015 com um cliente do setor de varejo sediado no interior de São Paulo, Adevani e os consultores da Ação Integrada descobriram a existência de um novo fenômeno, o qual tem se tornado consistente nesses anos recentes: saber da notícia pelo colega não pode mais ser considerado simplesmente como "rádio-peão". Hoje, o colega de trabalho ganhou *status* de influenciador, diferentemente do que ocorria no passado, em que a falta de informação promovia a fofoca e as conversas entre colegas geravam apenas ruído.

Agora, o colega lê algo no mural, por exemplo, e conta para outros; participa de uma reunião e compartilha com colaboradores mais próximos. O que Adevani tem constatado nas conversas com profissionais em grupos de foco é que em algumas empresas, de forma orgânica e natural, a conversa entre colegas de trabalho também tem influenciado positivamente e traz ganhos para a empresa, e não apenas ruídos.

As áreas de comunicação interna já perceberam esse movimento dos colaboradores. Na Pesquisa de Tendências de Comunicação Interna 2018 (Ação Integrada; Social Base, 2018), 91% dos mais de 500 participantes de diversas empresas do país mencionaram que vão continuar investindo ou vão aderir à comunicação feita com colegas multiplicadores. Essa é uma característica da Comunicação Interna 4.0, na qual as redes colaborativas ganham espaço e dão uma nova dinâmica para o processo de comunicação interna.

É um fenômeno que começou a ser estudado em meados de 2015, ganhou força, e hoje tem conquistado cada vez mais espaço nas organizações. Esse movimento é gerado pelos aprendizados dos colaboradores nas redes sociais externas à empresa, por meio das quais o funcionário também é um cidadão internauta.

A internet trouxe, entre tantas outras mudanças, exatamente isto: a democratização e a descentralização das conversas. Cabe aos profissionais de comunicação interna aprender a trabalhar com a comunicação e o relacionamento entre as pessoas nesse novo formato, ressignificando os meios e as mensagens. Agora, o colaborador ganha espaço como emissor. Porém, é importante

> ressaltar que o superior imediato ainda é o principal interlocutor na conversa com a equipe nas organizações. Pesquisas indicam que uma comunicação fluida e eficiente entre líder e liderado permite que as organizações consigam atingir melhor suas metas, objetivos e consequentemente ter melhores resultados.

∴ O papel da liderança na integração e no alinhamento dos times

Mesmo em tempos de redes sociais, o líder é ainda a principal fonte de informação, influência e poder nas organizações em relação a sua equipe, pois é ele quem contrata, direciona, reconhece, promove e também demite.

Em uma pesquisa realizada em 2016 com 2.200 médios gestores de todo o Brasil, 66% atribuíram a si o papel de ser a principal fonte de informação para seus colaboradores (Ação Integrada, 2019). Também foram convergentes as respostas à pergunta "O que os colaboradores desejam em relação a um líder comunicador?": que seu chefe dê direção e faça as conexões das estratégias da empresa com o dia a dia deles, ouça suas dúvidas, ideias e reclamações, bem como que os inspirem e respeitem (Ação Integrada, 2019). Desde sempre, o colaborador deseja estar envolvido, sentir-se pertencente a um grupo e a uma empresa. Esse desejo de pertencimento é ancestral e nos diferencia como seres humanos e sociedade.

Mais do que uma tarefa da área de comunicação interna e do RH, informar é papel do líder. E seria muito bom se esse líder fosse apoiado pelas áreas de comunicação interna e de RH para engajar a equipe, principalmente na era de conexão em que vivemos.

Estamos conectados o tempo todo e, por conta disso, recebemos estímulos que nos distraem e nos tiram o foco. Por esse motivo, atualmente, mais do que nunca, o papel do líder é alinhar seu time dando atenção prioritária ao que é importante, ao que é preciso fazer e a como deve ser feito. Em outras palavras, o óbvio precisa ser dito, mas de forma simples e descomplicada, para que a mensagem seja entendida e assimilada pelos colaboradores. Dessa maneira, eles saberão o que fazer, contribuindo de forma significativa para a evolução da empresa, e se sentirão importantes e realizados.

Por outro lado, mesmo sabendo que as pessoas não conseguem assimilar e reter várias informações ao mesmo tempo, os profissionais de comunicação interna produzem dezenas de narrativas simultâneas e as enviam para os líderes as endossarem junto aos seus colaboradores. Pior, muitas vezes essas mensagens são enviadas nos últimos instantes.

Embora estejamos em tempos de redes digitais, nada substitui o diálogo, o contato face a face e o olho no olho na comunicação interna. Definitivamente, essas são as formas mais eficazes de trabalhar as mensagens nas organizações. E os líderes sabem disso, uma vez que os participantes da Pesquisa de Tendências em Comunicação Interna mencionaram que vão usar esses meios cada vez mais: 60% desejam utilizar o face a face tanto com a liderança quanto com colegas multiplicadores, 63% planejam fazer ativações e 67% desejam utilizar o face a face com a liderança para promover campanhas (Ação Integrada; Social Base, 2018).

Esses mesmos participantes apontaram (conforme o Gráfico 3.1) as iniciativas que consideram mais eficazes para se comunicar com os funcionários da empresa.

Gráfico 3.1 – Canais para se comunicar melhor com os colaboradores

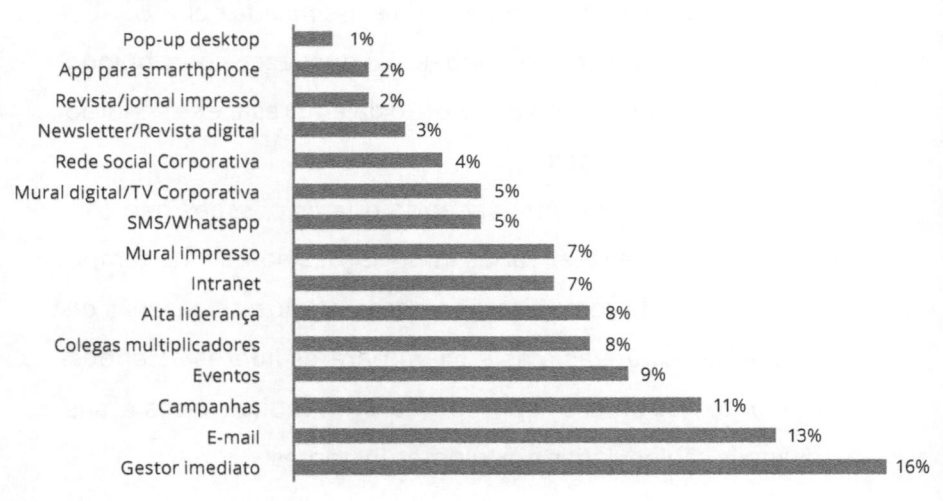

Canal	%
Pop-up desktop	1%
App para smarthphone	2%
Revista/jornal impresso	2%
Newsletter/Revista digital	3%
Rede Social Corporativa	4%
Mural digital/TV Corporativa	5%
SMS/Whatsapp	5%
Mural impresso	7%
Intranet	7%
Alta liderança	8%
Colegas multiplicadores	8%
Eventos	9%
Campanhas	11%
E-mail	13%
Gestor imediato	16%

Fonte: Ação Integrada; Social Base, 2018, p. 15.

De maneira geral, é de causar estranhamento o *e-mail* receber uma colocação tão alta, apenas abaixo do gestor imediato, por duas principais razões: primeiro, por se tratar de uma via de mão única; segundo, porque apenas os colaboradores que têm acesso a computador recebem esse canal, enquanto colaboradores sem acesso a *e-mails* ficam excluídos.

Outro destaque é para o gestor imediato. Para 16% dos participantes da pesquisa, a comunicação face a face entre chefia e subordinados é muito relevante (Ação Integrada; Social Base, 2018). Em um momento de tudo *tech*, o *touch* também é representado pela presença de colegas multiplicadores e alta liderança, com 8% de presença na comunicação interna em cada um desses canais (Ação Integrada; Social Base, 2018).

O mundo está mudando muito rapidamente, e a forma de consumir informação também. Nesse cenário, a comunicação interna precisa ser vista e praticada como um processo orgânico, vivo, humano, ao passo que os meios são e serão sempre ferramentas. Estamos em uma jornada, e o importante é sempre pensar que, para transformar as pessoas, é preciso conectá-las e envolvê-las nas narrativas, de modo que elas se sintam pertencentes e se comprometam com os comportamentos necessários.

3.5
Portais de notícia

A internet e a globalização das informações proporcionaram um fenômeno que causou uma verdadeira proliferação de conteúdo *on-line*. Com uso de tecnologias muito simples, sem necessidade de entender de programação, qualquer pessoa pode utilizá-las e propagar informação. Esse fenômeno representou a diminuição do controle de conteúdo pela mídia e a mudança de um polo emissor para um polo descentralizado. Ramonet (2013) acredita que essa seja uma oportunidade interessante para os jornalistas da nova geração, uma vez que "as ferramentas tecnológicas permitem que um grupo de jovens jornalistas seja capaz de se organizar com poucos recursos, podendo, assim, criar novos veículos de comunicação" (Ramonet, 2013, p. 90).

Além disso, ainda há uma grande concentração do poder midiático que acabou migrando para a internet, e esse território *on-line* de propagação de informação possibilitou o surgimento de uma comunicação alternativa em rede, possibilitando questionar a hegemonia midiática e, assim, proporcionando um novo cenário de debates. A esse respeito, de acordo com Moraes (2013, p. 118): "Os militantes antiglobalização identificaram na rede um espaço particularmente adaptado à construção de novas formas de mobilização e de engajamento". O autor cita diversas experiências pela América Latina, incluindo o *Brasil de Fato*[1], portal de notícias fundado em 2003, cujo objetivo é contribuir para o debate de ideias e a análise dos fatos partindo de um ponto de vista que chama a atenção para a necessidade de mudanças sociais no Brasil.

* * * * *

1   BRASIL DE FATO. Disponível em: <https://www.brasildefato.com.br>. Acesso em: 16 out. 2019.

Um exemplo de que é possível fazer jornalismo empreendedor é a Agência Pública[2], uma organização sem fins lucrativos que dá apoio ao jornalismo independente e inovador no Brasil e na América Latina. No Projeto Casa Pública, atua em três frentes: eventos, residência de jornalistas estrangeiros e laboratório de produção jornalística.

Para saber mais

CATARSE. Disponível em: <https://crowdfunding.catarse.me/>. Acesso em: 16 out. 2019.

KICKANTE. Disponível em: <https://www.kickante.com.br/>. Acesso em: 16 out. 2019.

Fundar um veículo representa um pluralismo na ressignificação do jornalismo, um desafio para o jornalista que busca atuar em rede com seus projetos jornalísticos, mas que precisa se sustentar financeiramente. Para isso, uma das alternativas é o *crowdfunding*[3], uma estratégia recente no Brasil para viabilizar projetos por meio do financiamento coletivo. Isso exige que o empreendedor aglutine várias pessoas que acreditam no objetivo do projeto e invistam dinheiro do próprio bolso para viabilizá-lo. E

---

2   AGÊNCIA PÚBLICA. Disponível em: <https://apublica.org>. Acesso em: 16 out. 2019.
3   *Crowdfunding* é o financiamento de uma iniciativa com a colaboração de um grupo, pequeno ou grande, de pessoas que investem recursos financeiros para viabilizar ideias e projetos (Sebrae, 2019).

de acordo com quem já passou por essa experiência, prepare-se para reunir muita energia, porque não basta pedir dinheiro; é preciso todo um trabalho de convencimento de que sua ideia vale a pena, especialmente porque nós não temos no Brasil uma cultura de financiamento em jornalismo.

Há diversos *players* no mercado, entre eles o Catarse, um dos primeiros do ramo, e o Kickante. Em um artigo escrito por Natália Viana (2018), diretora da Agência Pública, a jornalista relata a experiência bem-sucedida do portal de notícias, que conseguiu arrecadar mais de R$ 231 mil para financiar o projeto de reportagens do veículo, totalizando 2.429 leitores apoiadores. Natália compartilha dez estratégias nessa área:

1. Para convencer os outros, você precisa estar convencido da importância do seu projeto. Seja honesto com você mesmo e acredite
2. Ninguém faz um crowdfunding sozinho. Você precisa buscar organizações parceiras que vão te ajudar a espalhar a notícia; envolver toda sua equipe; e buscar leitores próximos, amigos e colegas que irão abraçar a bandeira
3. Convide as pessoas a participar e pense em maneiras de deixar os leitores se sentirem parte da campanha
4. Pense em boas recompensas, que vão trazer pessoas também pelo interesse em recebê-las

5. Seja organizado, desenvolva uma boa estratégia que varie de semana a semana
6. Seja transparente em relação a metas, intenções e uso do dinheiro
7. Busque canais variados de divulgação da sua campanha
8. Fale, fale, fale muito sobre o seu projeto, fale o tempo todo
9. Mantenha sua palavra. Cumpra tudo o que prometer
10. Comemore cada apoio que você receber. Mantenha-se animado e mantenha todos ao seu redor confiantes.

(Viana, 2018)

No Catarse e no Kickante, há taxas administrativas que precisam ser levadas em consideração antes do início de uma campanha, para não correr riscos financeiros. Logo, é preciso planejar e analisar se o *crowdfunding* poderá realmente ser a forma de custeio do seu projeto.

Muitos jornalistas de renome deixaram a redação para continuar carreira solo como âncoras dos seus próprios portais de notícia. Mas por onde começar? Essa decisão também requer pesquisa de mercado, especialização, saber como vai ganhar dinheiro com isso e obter resultados que devem ir além do velho modelo de venda de anúncios. Um estudo chamado *Chasing Sustainability on the Net* (Sirkkunen; Cook, 2012), realizado por três universidades estrangeiras, pesquisou 69 casos de novos negócios em jornalismo nos Estados Unidos, na Europa e no Japão. Segundo o levantamento, ainda predominam os modelos de negócios orientados a contar histórias, com conteúdo original. Mas o estudo notou o surgimento de modelos de negócios orientados a serviços, que não tentam gerar receita com o conteúdo jornalístico, mas se concentram em criar novas funcionalidades. A pesquisa identificou várias fontes de receita: publicidade, pagamento de conteúdo, *marketing* afiliado (*branded content*), doações, venda de dados ou serviços, organização de eventos, *freelancer* e treinamento ou venda de mercadorias.

Das *startups* incluídas no estudo, todas parecem ter encontrado um nicho de atuação capaz de triangular produtos e serviços de nicho, com fluxos de receita de forma interativa. Todos cobrem uma área muito específica, geograficamente ou em determinado tópico, serviço ou produto. Um dos *publishers* entrevistados nesse mesmo estudo, Ken Fisher, aconselha a necessidade de observar o mercado e encontrar algo que torne sua publicação especial. Ele diz que não tem ambição de ser o próximo *Wired* ou *Mashable*, mas, sim, de trabalhar para encontrar seu próprio nicho. E dá um conselho para não competir com os grandes veículos de comunicação: "Não tente apenas ser 30 segundos mais rápido regurgitando o mesmo conteúdo estúpido que vai estar em cinco outros *sites* de texto em dez minutos de qualquer maneira" (Fisher, citado por Sirkkunen; Cook, 2012, p. 114, tradução nossa).

Estudo de caso

Novo nicho descoberto por jornalista

Em 2013, o jornalista Adriano Silva notou um vento mudando de direção: teve visão estratégica para preparar o terreno empreendedor. Nessa época, os sinais ainda fracos do florescimento da nova economia no Brasil acenderam uma luz para o jornalista, cujo currículo é admirável. Só para citar algumas passagens, ele foi chefe de redação do *Fantástico* (TV Globo), lançou a revista *Vida Simples*, foi diretor de redação da *Superinteressante*, diretor de *marketing* do grupo Exame e trouxe o *Gizmodo* para o Brasil.

Em agosto de 2014, fundou o Projeto Draft, um veículo de comunicação dedicado a cobrir a expansão da *nova economia* no Brasil, termo que envolve conceitos e ferramentas como sociedade em rede, liderança circular, trabalho colaborativo, economia compartilhada, métodos ágeis, além de *growth hacking, business as a lifestyle, learning by doing, lean startup, design thinking, scrum, effectuation*, entre tantos outros.

Silva vive exclusivamente do Projeto Draft, sonho de consumo de todo jornalista empreendedor. Ele conta que o portal tem editores e *freelancers*: "Trabalhamos com uma quantidade de 10 jornalistas e mais 15 profissionais que nos orbitam, em colaboração permanente" (Silva, A., 2018).

Atuando em um mercado com excesso de informação como a internet, Adriano Silva comemora o fato de que o bom conteúdo se distingue naturalmente e encontra seu público em meio a esse ruído. Segundo ele, não há alternativa para os jornalistas senão o caminho do empreendedorismo: "O emprego no jornalismo minguou ou acabou, como o conhecíamos. Precisamos reinventar a profissão. E nos reinventarmos para esse novo cenário" (Silva, A., 2018).

Assim como o Projeto Draft já é reconhecido como um dos portais mais importantes dos segmentos *nova economia*, *negócios disruptivos* e *startups*, sempre existe demanda por conteúdo de qualidade:

> As pessoas não abriram mão de ler notícias, de se informar sobre os fatos, de se atualizar com as novidades, de buscar análises que lhes ajudem a entender melhor a realidade e a formar suas próprias opiniões a respeito do que está acontecendo.
>
> [...] quanto mais os eventos nos afetam, e se afetam entre si, por vivermos cada vez mais conectados e em rede, maior é a procura por bons produtores de conteúdo – jornalistas, repórteres, editores, redatores – que produzam informação confiável, bem apurada, bem checada, ponderada, justa, equilibrada, inteligente, relevante, fidedigna sobre o que está acontecendo. (Silva, A., 2018)

O portal é dividido em cinco grandes seções: Negócios Criativos, Negócios Sociais, Startups, Inovação Corporativa e Lifehackers. Também, semanalmente traz entrevistas em profundidade, TV Draft com entrevistas em vídeos e uma editoria chamada *Acelerados*, para empresas nascentes.

O projeto recebe faturamento com base na da especificidade do público atingido. De acordo com o *media kit* do veículo, o Draft é lido por 500 mil usuários únicos por mês, sendo 63% jovens adultos em idades entre 25 e 34 anos de idade, dos quais a maioria são mulheres, 61% da audiência (Projeto Draft, 2019). Os anunciantes podem estar presentes no veículo por três formatos. Um deles é o *content marketing*, em que o cliente pauta determinado assunto e aprova, enquanto a equipe Draft produz e publica em seus canais. Já o *native advertising* envolve patrocínio de seções do portal. Outra possibilidade é de curadoria e condução de eventos de consultoria, pelo qual o universo da nova economia pode estar presente no evento ou através de treinamentos *in company*. Entre os anunciantes, há nomes de peso, como Itaú, Braskem, Abott, Natura e HP.

Além disso, o fundador criou a Academia Draft, com aulas gravadas sobre empreendedorismo, propósito, economia criativa, inovação, *design*, *branding*, além de possibilidade de treinamentos *in company*. Todas essas iniciativas estão sob a marca guarda-chuva chamada The Factory, especializada em criar projetos de *branded content* para empresas, tendo o conteúdo como protagonista no relacionamento entre marcas e seus seguidores. Em seu manifesto, eles deixam claro que essa é a abordagem permitida pelo usuário: "Somos profissionais de comunicação em busca constante por grandes ideias que virem cases inesquecíveis. Somos empreendedores da indústria da mídia em busca de grandes oportunidades para desenvolver ao lado de nossos clientes" (The Factory, 2019).

Para saber mais

PROJETO DRAFT. Disponível em: <https://www.youtube.com/channel/UC0OWYWBjKm2D53NDl7keqrA>. Acesso em: 16 out. 2019.

O canal do Projeto Draft no YouTube traz diversas entrevistas que podem servir como fonte de pesquisa sobre esse mercado e também apresenta informações a respeito de como é possível atuar com jornalismo e ainda obter rentabilidade com o seu projeto.

DRAFT – Vídeo Statement. Disponível em: <https://www.youtube.com/watch?&v=j5CWOGUvL5c>. Acesso em: 16 out. 2019.

Esse vídeo do lançamento do Projeto Draft trata das mudanças que estamos presenciando e que ainda vamos vivenciar no ambiente empresarial.

Assim como o Projeto Draft conheceu seu caminho partindo do jornalismo unido a marcas, essa direção já era apontada em 2004 pelo executivo Larry Light, *chief marketing officer* (CMO) do McDonald's, que lançou o conceito de *brand journalism*. Na ocasião, o mundo do *marketing* se agitou com a abordagem, pela qual as marcas passaram a construir seus posicionamentos por meio da criação de conteúdo capaz de gerar laços com a comunidade. Para isso, o *brand journalism* deve utilizar suas funções como informar, educar, entreter e contar histórias marcantes e diferenciadas: "Essa nova prática de comunicação empresarial é, talvez, a mais eficiente para melhorar a imagem e a reputação corporativa nos ambientes interno e externo" (Rêgo, 2015, p. 79).

Autor do livro *Brand Journalism*, Andy Bull (2013) conceitua o termo como uma forma híbrida de jornalismo tradicional, *marketing* e relações públicas, que emergiu pelo fato de que qualquer companhia é, em si, uma mídia, e sendo assim pode se valer das técnicas jornalísticas para contar boas histórias diretamente a seu público consumidor.

Bull (2013) detalha a estratégia do McDonald's para transpor o posicionamento massivo de marca e dos meios de comunicação de massa para compor mensagens conforme a estratégia de *brand journalism*. A empresa percebeu a migração do *marketing* de massa para o *marketing* de conteúdo, entregando histórias e experiências ao consumidor no lugar da venda de produtos ou serviços.

Dessa forma, o executivo do McDonald's aplicou ao *marketing* a tradicional pirâmide invertida do jornalismo (quem, o quê, quando, onde, por quê e como), utilizando o modelo mental do jornalista para direcionar conteúdos a audiências de nicho, as quais o *marketing* denomina *personas*.

Utilizando essa estratégia, o McDonald's deixou o posicionamento de "hambúrgueres e batatas fritas para todos" para uma segmentação por necessidades, tais como café da manhã, almoço, horas tardias e petiscos. Com essa definição, o processo de geração de conteúdo ficou mais claro em relação ao público e ao que ele está sensibilizado para aderir, considerando determinados contextos e situações.

A motivação para ir ao McDonald's é diferente para cada faixa etária (crianças, adolescentes, jovens adultos, pais e idosos) e ocorre por diversos motivos (para café da manhã, almoço, jantar ou lanche, seja durante a semana, seja no fim de semana). Logo, o plano de comunicação, ou seja, o elemento-chave do *brand journalism* deve reunir mensagens diversificadas, assuntos e tópicos diferentes, que contam uma história de marca dinâmica e em evolução.

O autor do conceito de *brand journalism* recomenda algumas atitudes para implementá-lo para os clientes (Light, 2014):

1. **O *brand journalism* é um imperativo moderno de *marketing*** – Trata-se de um dos métodos mais eficazes para começar uma conversa com o cliente, utilizando, para isso, o conteúdo

relevante como isca para atraí-lo, sem a interrupção causada pela publicidade, mas com a imersão proporcionada pelo jornalismo.

2. **Use *brand journalism* para tornar a conversa multidimensional** – Segundo Light (2014), nós evoluímos de monólogos para diálogos e, depois, para comunicações dialógicas: "Com vários formatos que fornecem conteúdo em um ambiente de compartilhamento, passamos de palestras unidirecionais para conversas bidirecionais e destas para uma comunicação multidirecional formada por informações e opiniões compartilhadas" (Light, 2014, tradução nossa).

3. **Pense como um jornalista** – Nas palavras de Light (2014, tradução nossa):

> Pense nas comunicações contínuas de uma marca como a criação de uma "revista" de marca em que cada artigo é diferente – assuntos diferentes, tópicos diferentes, mensagens diferentes – todos se juntando como uma história de marca dinâmica, oportuna, interessante, relevante e coerente. Os gerentes de marca são editores de um diário de marca. O jornalismo de marca combina gerenciamento de marca e narrativa jornalística. Leva ambos os conjuntos de habilidades e mescla-os em uma plataforma de comunicação energética. Em nosso ambiente de *marketing* alterado, os profissionais de *marketing* precisam se concentrar na criação de conteúdo

interessante e contínuo que atraia e engaje os consumidores, em vez de confiar no envio de mensagens repetitivas, simplistas e antiquadas.

Enfim, o *brand journalism* tem o poder de capturar os interesses de consumidores interconectados que desejam conteúdo personalizado e conectado. Essa pode ser a ferramenta mais valiosa para o *marketing* e já faz parte do dia a dia das marcas em permanente contato com os clientes, transformando-os em *brandlovers* (apaixonados por marcas).

3.6
Comunicação direcionada a nichos

Todos concordam que concorrer com veículos de porte nacional é nadar contra a maré. Isso porque eles já contam com estrutura, capital, credibilidade e público cativo. No entanto, como diz a teoria da cauda longa, de Chris Anderson, há sempre um nicho de mercado a ser explorado quando nos referimos ao universo *on-line*:

> Quando se é capaz de reduzir drasticamente os custos de interligar a oferta e a demanda, mudam-se não só os números, mas toda a natureza do mercado. E não se trata apenas de mudança quantitativa, mas, sobretudo, de transformação qualitativa. O novo acesso aos nichos revela demanda latente por

conteúdo não comercial. Então, à medida que a demanda se desloca para os nichos, a economia do fornecimento melhora ainda mais, e assim por diante, criando um loop de feedback positivo, que metamorfoseará setores inteiros – e a cultura – nas próximas décadas. (Anderson, 2008, p. 24)

Isso porque enquanto o mercado de massa não possibilita personalizar determinado produto ou serviço, no caso do mundo digital isso é totalmente factível. Nas palavras de Anderson (2008, p. 55): "A Internet simplesmente torna mais barato alcançar mais pessoas, aumentando efetivamente a liquidez do mercado na Cauda, o que, por sua vez, se traduz em mais consumo, elevando efetivamente o nível da linha de vendas e ampliando a área sob a curva".

No lugar da comunicação de massa, entra em cena o jornalismo segmentado, como define Fernandes (2017), tendo como foco pautas direcionadas, linguagem diferenciada e profissionais especializados. É comum jornalistas se apaixonarem por determinados temas a ponto de se especializarem neles. Um exemplo de amor que se tornou segmentação e empreendedorismo é o do jornalista Luís Celso Jr., que, em 2006, iniciou um *blog* especializado em cerveja chamado Bar do Celso[4] e, de lá para

---

4   *Site* segmentado em cervejas artesanais. Pode ser acessado pelo seguinte *link*: <https://bardocelso.com/>. Acesso em: 16 out. 2019.

cá, tornou-se *sommelier* de cervejas e transformou a paixão em um negócio híbrido. Entre os serviços prestados por ele, estão eventos corporativos cuja figura central gira em torno da temática *cervejas*, cursos *in company* para proprietários de empresas de cerveja, treinamentos de garçons, palestras sobre cerveja, cartas sobre os diversos *blends* da bebida, além de produção de material jornalístico e *branded content*.

Síntese

Neste capítulo, buscamos detalhar as formas de atuação do jornalista fora do ambiente das redações tradicionais. Essa é uma realidade cada vez mais presente, já que os veículos de comunicação não conseguem absorver a mão de obra, demonstrando que os profissionais têm amplas possibilidades de explorar o mercado. Se antes os jornalistas só se preparavam para atuar nos veículos, agora é necessária a formação em outras áreas, como gestão administrativa, financeira e até contábil.

Para além de ter um emprego fixo e estável, chegou o momento de centrar a estabilidade no indivíduo, e não no cargo. Nesse novo modelo, a elasticidade é uma das capacidades em alta, e o profissional diferenciado será aquele que se adaptar melhor às mudanças de cenário com resiliência.

Entre os modelos clássicos de empreendedorismo para jornalistas, estão o jornalismo *freelancer* ou autônomo, a assessoria de imprensa, a comunicação interna, além dos jornalistas donos de portais de notícias e que criam veículos destinados a nichos. O jornalista autônomo sempre foi uma figura presente na área, que arrebanhava profissionais cada vez que aumentava a demanda. Esse movimento continua crescente, inclusive entre as agências de assessoria de imprensa, que terceirizam a produção de materiais.

E por falar em assessoria de imprensa, esse é o ramo clássico do jornalista que saiu da redação. Porém, até mesmo essa atividade está evoluindo em sua atuação, já que, com o enxugamento das redações, a entrada da inteligência artificial na produção de textos e outros movimentos do mercado, é necessário reinventar a atividade para um escopo mais estratégico do que operacional. Outro setor que emprega jornalistas é o da comunicação interna, que tem como objetivo se relacionar com o público interno das organizações. São várias as atividades que demandam a *expertise* do jornalista, como confecção de *house organs*, comunicados internos, publicações em geral, gestão de grupos de WhatsApp, treinamento de lideranças em comunicação, entre outras atribuições. Há que se considerar ainda os jornalistas que partem para suas próprias iniciativas de jornalismo, criando portais de notícia e veículos direcionados a nichos de mercado. Cada vez mais, o conceito de cauda longa também se firma no jornalismo, pois já podem ser percebidos nichos e subnichos entre aficionados por algum tema ou assunto.

Questões para revisão

1. De acordo com os conceitos sobre comunicação interna apresentados neste capítulo, de que maneira o líder pode ser considerado um canal de comunicação a ser trabalhado pelo profissional de comunicação interna?

2. Como o profissional pode atuar como jornalista autônomo?

3. Analise as assertivas a seguir:
   I) Os futuros programas de desenvolvimento de empregados vão se assemelhar muito mais a programas para empresários autônomos do que a programas para empregados.
   II) As ferramentas tecnológicas permitem que um grupo de jovens jornalistas seja capaz de se organizar com poucos recursos, podendo, assim, criar novos veículos de comunicação.
   III) Promover o diálogo e as interações não é papel da comunicação interna, mas tarefa exclusiva do líder.

   Agora, assinale a alternativa correta:

   a) Apenas a sentença III é falsa.
   b) Todas as sentenças são verdadeiras, não havendo correlação entre elas.

c) Apenas as sentenças I e III são falsas.

d) Apenas as sentenças I e III são verdadeiras.

e) Apenas as sentenças II e III são verdadeiras.

4. Com relação à assessoria de imprensa, analise as seguintes asserções e assinale V para as verdadeiras e F para as falsas:

( ) *Fonte* é o nome dado ao cliente de assessoria de imprensa que atende à mídia.

( ) Em sua origem no Brasil, a assessoria de imprensa foi bem recebida pelos profissionais da imprensa.

( ) No trabalho de assessoria de imprensa de um restaurante, em que um jornalista é convidado a conhecer um novo local, a fonte pode exigir que ele utilize na íntegra o *release* elaborado.

( ) É atribuição do assessor de imprensa ler a última versão da matéria feita pelo jornalista antes de sua publicação.

A seguir, indique a alternativa que apresenta a sequência correta:

a) F, F, V, V.

b) V, V, V, F.

c) V, F, F, F.

d) F, V, F, V.

e) V, V, F, F.

5. Assinale a única alternativa correta:

   a) RPA é uma sigla que significa "relações públicas autônomas".

   b) O que é interessante aos olhos de um jornalista pode ser muito diferente do que é relevante na percepção de um empresário, político ou executivo.

   c) *Mailing* é o termo utilizado para o jornalista autônomo prestar contas gerenciais à sua contabilidade sobre o faturamento resultante do seu trabalho.

   d) *A cauda longa* é o nome de um livro escrito por Chris Anderson, que detalha as várias etapas de produção jornalística para um profissional *freelancer*.

   e) As ferramentas tecnológicas dificultam a criação de veículos de comunicação por jovens jornalistas.

Questões para reflexão

1. Quais as vantagens e as desvantagens de se tornar jornalista *freelancer*?

2. Com o enxugamento dos veículos de comunicação, os espaços para divulgação pelas assessorias de imprensa também ficam reduzidos. Como a assessoria de imprensa pode enfrentar esse desafio?

3. Quais são os aspectos técnicos que o jornalista precisa desenvolver para atuar na gestão do negócio?

4. Existe sempre uma discussão sobre quem deve estar à frente da comunicação interna: a jornalista ou as relações públicas. Qual sua opinião a esse respeito?

5. Qual é o seu ponto vista em relação a um jornalista atuar na área de *marketing*?

Capítulo
04

Formatos inovadores e multidisciplinares de atuação

Conteúdos do capítulo

- A era dos influenciadores digitais.
- Conteúdo é rei.
- *Fake news* e novas oportunidades.
- Como tornar-se consultor.

Após o estudo deste capítulo, você será capaz de:

1. compreender alguns formatos de empreendedorismo;
2. reconhecer competências para atuar com diferentes formatos empresariais;
3. debater sobre a fluidez das fronteiras entre jornalismo, publicidade e *marketing*;
4. identificar características inovadoras de atuação.

Vivemos uma época na história das comunicações em que coexistem múltiplas vozes: de pessoas apaixonadas por determinados temas e que se tornam influenciadoras a *youtubers* que vivem da produção de vídeos. Além disso, a palavra de ordem é *engajamento*. O que isso significa? Atrair o consumidor pelo conteúdo, pela persuasão e pelas causas que uma organização defende.

Por esse motivo, a publicidade se reinventou e, ao lado do *marketing* massivo, surgiu o *marketing* de conteúdo, que representa uma ampla área de atuação, como discutiremos neste capítulo. Afinal, as organizações atualmente têm mídias próprias para serem administradas, e ninguém melhor do que o comunicador para tirar o melhor proveito delas. Isso sem contar a multidisciplinaridade que se faz necessária, com projetos que demandam publicitários, especialistas em mídia, *designers* e outros profissionais.

E quando o assunto é inovação, a área de *fact-checking* surgiu por um fenômeno moderno, mas estarrecedor: o das *fake news*. Ninguém mais bem-treinado do que o jornalista para fazer a checagem das informações e apontar se são ou não falsas. Com isso, abriu-se um novo campo de atuação, e neste capítulo também veremos quem pode navegar nessa nova onda.

Por outro lado, engana-se quem acredita que para os profissionais com mais experiência o mercado se esgotou. Há uma série de organizações que precisam da *expertise* do profissional sênior em suas estratégias de *branding*, posicionamento, reputação e resultados. Logo, no decorrer deste capítulo apresentaremos histórias bem-sucedidas de pessoas que empreendem como *advisors*, aqueles profissionais que ditam as estratégias para serem executadas.

4.1
Digital influencers

Muitos jornalistas que cursaram faculdade na década de 1990 passaram a ter contato com informática. Em meados de 1997, surgiu o *blog*, um formato de diário ou página pessoal mantida na internet cujas informações são arquivadas por tema ou data. Nessa configuração midiática, o proprietário do *blog*, o blogueiro, não tem a obrigatoriedade de ser um jornalista. Qualquer pessoa com uma ideia e acesso à internet pode formatar um *blog* e, então, publicar suas opiniões e informações sem nenhuma intermediação da imprensa convencional.

> Foram os *blogs* (abreviação de *weblog*) que desencadearam a renascença da editoração amadora. Hoje, milhões de pessoas lançam publicações diárias para um público que, no conjunto, é maior que o de qualquer veículo da grande mídia. Por sua vez, os *blogs* são consequência da democratização das ferramentas: o advento de softwares e de serviços simples e baratos que facilitam a tal ponto a editoração on-line que ela se torna acessível a todos. (Anderson, 2008, p. 62)

Foi a partir desse instante que o jornalismo como o entendemos começou a perder seus limites como atividade profissional, uma vez que pessoas comuns – inclusive o jornalista fora das mídias tradicionais – podem se tornar blogueiras ou *digital influencers*. Ao contrário do que acontecia no século XX, em que tínhamos um comportamento de massa – isto é, passivo –, agora os canais de mídia são ilimitados, e a ordem de interesses é vertiginosa, com um leque de escolhas que nos imputa termos relevância. McQuail (2013, p. 273) faz uma distinção a esse respeito:

> Em um extremo, estão os *blogs* produzidos por jornalistas do público fora do controle de mídia, e, no outro, os que são produzidos por jornalistas profissionais. No meio, situam-se os

"*blogs* do público", que são escritos por membros do público, a convite da mídia e também os "*blogs* jornalísticos" escritos por jornalistas profissionais por conta própria, além de seu trabalho normal.

Para efeitos de empreendedorismo, há outra classificação útil, que separa os *blogs* em pessoais, profissionais e organizacionais (Primo, 2007):

- **Blogs pessoais** – Produção de conteúdo de interesse individual, sem objetivos ou estratégias definidas, funcionando como um diário ou um depósito de opiniões sobre determinada área ou temática. Atualmente, existem *blogs* pessoais que são específicos em determinada área de conhecimento, servindo inclusive para definir alguns públicos-alvo a serem trabalhados pela assessoria de imprensa, em um trabalho definido como *seeding* (semear), que se trata de uma estratégia para atuar com influenciadores digitais.
- **Blogs profissionais** – Páginas individuais escritas por especialistas que podem ou não ser jornalistas. O pré-requisito essencial é ter experiência e vivência com o tema. Esse tipo de *blog* pode ser encontrado por meio de mecanismos de busca da internet, pesquisando-se alguma informação que se queira, e do acesso a um *blog* específico sobre o tema.
- **Blogs organizacionais** – Espaços editoriais mantidos pelas empresas, geralmente com estratégia de *link building*, ou

seja, para conseguir *links* para determinado *site* ou página com o objetivo de criar mais relevância na *web* e nos mecanismos de busca. Isso mantém a audiência por mais tempo navegando entre as informações, o que, no que se refere aos mecanismos de busca, aumenta a autoridade do *site* e sua posição no ranqueamento.

Como podemos perceber, tudo se mescla, pois as fronteiras são diluídas entre o jornalista e o público em geral. Trata-se de um mundo formado por novos porta-vozes, que precisam ser relevantes para aglutinar determinada audiência, conforme expõe Shirky (2011, p. 186):

> Nosso ambiente de mídia (ou seja, nosso tecido conjuntivo) mudou. Num histórico piscar de olhos, passamos de um mundo com dois modelos diferentes de mídias – transmissões públicas por profissionais e conversas privadas entre pares de pessoas – para um mundo no qual se mesclam a comunicação social pública e a privada, em que a produção profissional e a amadora se confundem e em que a participação pública voluntária passou de inexistente para fundamental.

Assim como representam um modelo de empreendedorismo para os jornalistas, os *blogs* constituem-se um outro campo de atuação dentro das empresas, uma vez que, na luta pela competitividade *on-line* e por algoritmos que posicionem marcas no topo de buscadores, essa mídia é uma das estratégias mais eficientes como conteúdo orgânico e de autoridade. Daí a importância de entender de SEO (*search engine optimization*) para os jornalistas interessados em atuar dentro de organizações ou em agências que atuam com *branded content*.

Se antes os *blogs* eram brincadeira de jovens, hoje são estratégias de *marketing* para um melhor ranqueamento em buscadores. Afinal, estamos na era das mídias próprias, gerenciadas pelas organizações. Desde que haja uma manutenção eficiente e um propósito pelo qual uma empresa investe em determinadas mídias, a intenção será atingir, como resultado, diferentes pontos de contato com o público, a fim de cativá-lo para a marca.

Cipriani (2006) alerta para a necessidade do trabalho entre conteudistas e programadores para atender ao principal objetivo de um *blog* corporativo, que é atrair clientes e demais *stakeholders* com um viés humanista – obtendo-se, assim, maior proximidade.

No entanto, para uma organização ter um *blog corporativo*, é preciso que a cultura organizacional seja transparente o suficiente para suportar críticas ou opiniões contrárias, sendo um espaço que permite dialogismo e participação do público externo. Para empresas conservadoras, portanto, essa não será a estratégia mais acertada.

Se uma organização tem uma cultura que resulta em um modelo de comunicação em descompasso com a realidade transparente e dialógica da *web*, há grandes chances de ela sofrer reveses na implementação dos seus projetos em ambientes *on-line* para os clientes. Mesmo que ela opte por não participar desse universo, os usuários atualmente têm o poder de publicar conteúdos, atraindo audiências espetaculares e provocando prejuízos na sua imagem e reputação. Portanto, além de conhecimentos técnicos adequados e de uma equipe de monitoramento constante, é preciso que a organização tenha uma cultura voltada à participação em ambientes virtuais. Com uma evolução cultural que acompanha a evolução tecnológica e social, as empresas podem se relacionar com seus clientes na *web* de forma orgânica, criando e inserindo-se em comunidades e aproveitando todos os potenciais que essas transformações podem propor.

Outras oportunidades também surgem para os comunicadores nos serviços de *streaming*. A Netflix, por exemplo, exibe videodocumentários, e uma de suas parcerias envolve transformar em *show* a rotina da redação do BuzzFeed, um dos *sites* mais populares dos Estados Unidos (Glamurama, 2018). Além disso, o serviço de *streaming* de música Spotify integrou à sua plataforma *podcasts* que podem ser produzidos por qualquer pessoa[1].

---

1   Para isso, basta cadastrar seu *podcast* no *link* a seguir: <https://podcasters.spotify.com>. Acesso em: 17 out. 2019.

Estudo de caso

Jornalista se torna *digital influencer* na área de casamentos

A jornalista Marina Pastore, pós-graduada em Comunicação com o Mercado pela Escola Superior de Propaganda e Marketing de São Paulo (ESPM-SP), foi uma profissional atuante na *Folha de S.Paulo*, passando pela *Folha Online*, pela Publifolha e pela Livraria da Folha. Depois disso, migrou para assessoria de imprensa e *branded content* nas empresas Editora Martins Fontes e Vogg Branded Content, respectivamente. Segundo ela:

> Por coincidência ou não, a maior parte da minha carreira acabei fazendo um trabalho voltado para *branded content* e assessoria de imprensa. Fiquei pouco tempo na redação da *Folha* e já fui para a Publifolha, que tinha bastante foco em produzir matérias para a *Folha Online* com o objetivo de vender os livros da editora (total *branded content*). Depois participei do projeto de criação da Livraria da Folha, que tinha o mesmo objetivo. A passagem por estas empresas me ajudou a desenvolver processos e adquirir conhecimento e experiência para ter minha própria agência. Ainda sinto que tenho muito a caminhar e aprender – e acredito que empreender é um eterno aprendizado. (Pastore, 2018)

Em 2011, ela estruturou um *blog* de casamentos chamado *Vestida de Branco*[2], utilizando-se de sua própria experiência enquanto estava empregada em uma agência: "A princípio era um *hobby*, mas foi evoluindo com o passar dos anos para um trabalho e se tornou um *blog* profissional, com anunciantes, parcerias e cobertura de eventos" (Pastore, 2018). O projeto deu tão certo que em 2015 ela resolveu sair da agência em que trabalhava para se dedicar exclusivamente ao *blog*. O propósito inicial do *blog* era ajudar os casais a organizar o casamento, com dicas, informações de fornecedores, entre outras orientações.

Aliado a isso, ela também percebeu, como jornalista empreendedora e com *feeling* e tino comercial, que as empresas desse nicho também precisavam divulgar seus negócios. Foi então que ela fundou a Flow Comunicação e passou a usar todo o conhecimento de comunicação empresarial e *branded content* para auxiliar as empresas desse e de outros nichos de mercado.

4.2
Marketing de conteúdo

A internet e os mecanismos de busca passaram a utilizar ferramentas para fazer o ranqueamento de milhares de *sites* existentes no mundo. O objetivo é que os *sites*, portais ou conteúdos

---

2   VESTIDA DE BRANCO. Disponível em: <http://www.vestidadebranco.com.br>. Acesso em: 17 out. 2019.

sejam encontrados sempre que alguém fizer uma pesquisa em algum lugar do planeta. É por isso que o termo *branded content* (*marketing* de conteúdo) passou a figurar entre as estratégias mais importantes, uma vez que os robôs dos mecanismos de busca varrem todos os conteúdos e mostram determinadas páginas como primeiros resultados. Alguns autores, como Rêgo (2015), utilizam o termo *brand journalism* para ressaltar que são utilizadas algumas técnicas de escrita jornalística, mas, em essência, trata-se de fazer *marketing* de conteúdo.

> O *brand journalism* oferece perspectivas múltiplas de abordagem e criação de conteúdos informativos acerca das marcas que podem interessar ao cliente e à sociedade, criando com esses laços de referencialidade a partir de formas comunicativas distintas propiciadas pelo jornalismo e suas funções como informar, educar, entreter, etc. (Rêgo, 2015, p. 78)

A própria autora reconhece o choque de interesses que o termo suscita, uma vez que não se trata de jornalismo, mas de *marketing* – daí o fato de o termo mais conhecido ser *branded content* (*marketing* de conteúdo). A seguir, apresentamos algumas considerações sobre a construção de conteúdo (Gabriel, 2010):

- **Relevância** – O conteúdo precisa ser significativo e de valor, constituindo-se como um motivo pelo qual as pessoas fazem uma busca na internet para encontrar o conteúdo desejado.

- **Palavras-chave** – Além de ser bem escrito e relevante, o texto deve conter palavras-chave e sinônimos que façam parte do negócio. É a chamada *estratégia de SEO*, que envolve técnicas de estruturação das páginas de forma a melhorar o posicionamento na busca orgânica.
- **Profundidade** – Os conteúdos devem conversar entre si, promovendo a troca de *links*. Ao elaborar determinado conteúdo, é importante verificar assuntos correlatos para inserir os *links* ao longo do texto de forma não invasiva e fluida para o desenvolvimento da leitura.

É cada vez maior o uso de ferramentas digitais para que as empresas possam ser encontradas pelos seus públicos. *Blogs*, *vlogs*, *podcasts*, aplicativos e outros dispositivos móveis são alguns desses exemplos. Terra (2008, p. 20) aponta que "cada blog remete a outros diários, um sistema de remissão quase infindável, construindo uma rede de comunidades virtuais". Entre as vantagens de se manter um *blog*, estão o aumento da exposição da empresa por mecanismos de busca, a referência da marca na área em que a organização atua e a aproximação com seus públicos. Levando-se em consideração que a manutenção de um *blog* corporativo demanda definição de linha editorial, reuniões de pauta, levantamento de palavras-chave para ranqueamento nos mecanismos de busca e periodicidade, essa é uma interessante área de atuação para jornalistas empreendedores.

Para saber mais

GABRIEL, M. **Marketing na era digital**. São Paulo: Novatec, 2010.

MARTHA GABRIEL. **Blog**. Disponível em: <https://www.martha.com.br/blog/>. Acesso em: 17 out. 2019.

No livro *Marketing na era digital*, de Martha Gabriel, os conceitos expostos neste capítulo são aprofundados. Mas como a publicação impressa pode muitas vezes ser superada pela velocidade das inovações, recomendamos também o acesso ao *blog* dessa pesquisadora, que é engenheira de formação e atua como consultora e palestrante.

Estudo de caso

Difusão de conteúdos vira negócio próprio

Para a geração dos nativos tecnológicos, aqueles que só conhecem o mundo na configuração atual pós-internet, explorar os meios digitais é, por assim dizer, natural. É o caso da jornalista Luisa Barwinski, que desde criança se interessava por cursos de robótica e pela monitoria no laboratório de informática do colégio. Aos 11 anos, depois de se tornar fã dos livros da série Harry

Potter, criou o próprio *site* para interagir com outros fãs de livros: "Depois disso, eu sempre estava pesquisando formas de como montar *sites* e, um pouco mais tarde, chegaram as plataformas de *blog* (Weblogger, Blogspot etc.). Isso sempre me acompanhou" (Barwinski, 2018). No próprio trabalho de conclusão de curso em jornalismo, Luisa elaborou um estudo de caso aplicado do *blog* como ferramenta de difusão de conteúdos, abordando também de que forma os jornalistas podem e devem perder o medo da tecnologia e embarcar de vez em plataformas que favoreçam a entrega do melhor conteúdo.

E o que era uma curiosidade de criança virou negócio de adulto. Depois de retornar de um curso em Nova York e ter começado a atuar nas plataformas digitais da *Gazeta do Povo*, em 2013, Luisa decidiu abrir sua própria empresa, a MOT Digital. Ela queria atuar no meio digital, mas ainda não tinha clareza da formatação do seu *core business*:

> Para ser bem sincera, eu não sabia exatamente o que a empresa faria. Poderia ser agência, consultoria e uma infinidade de coisas. Aos poucos fui formatando melhor e hoje, quase cinco anos depois, a MOT Digital é totalmente focada em consultorias e treinamentos de *marketing* digital para profissionais liberais e empresas dos mais variados segmentos. (Barwinski, 2018)

Entre os clientes atendidos, há empresas de variados portes, de agências de comunicação que necessitam digitalizar seus processos e serviços a empresas de expressão nacional: "Também atuo com consultoria direta em projetos de *inbound marketing* e automação de *marketing* digital, identificando gargalos no processo de educação de clientes em potencial (*leads*) e otimizando as rotinas de automação para melhorar a conversão destes *leads* em clientes" (Barwinski, 2018).

Aos que ficaram motivados por essa inspiração, Luisa dá um conselho:

> Nem todo mundo nasceu para ser empreendedor, isso é fato e não é nenhuma vergonha – ao contrário do que os empreendedores de palco colocam. E, para empreender, é importantíssimo que fique claro que deve ser algo além de "odeio meu chefe" ou "preciso fazer algo porque fui demitido". Apesar de muita gente começar assim, é preciso ter algo que seja o seu motivador para acordar todos os dias e engolir sapos de todos os tamanhos, mas chegar ao final do dia se sentindo satisfeito. Entenda que seu propósito é o que vai te mover, sustentar e diferenciar em um mercado saturado. (Barwinski, 2018)

Para isso, o foco dos futuros jornalistas deve ser identificar algo em que sejam realmente bons e que coincida com algo de que o mercado precisa. Além disso, é fundamental entender

> como as plataformas funcionam e perder o medo de matemática – métricas e *key performance indicators* (KPIs) serão cada vez mais exigidas dos profissionais que seguem esse caminho.

4.3
Fact-checking

Desde que Orson Welles criou pânico com uma transmissão radiofônica em 1938, dramatizando o livro de ficção científica *A guerra dos mundos*[3], em que marcianos a bordo de naves extraterrestres estariam invadindo a América, a *fake news* se sofisticou a tal ponto que, no século XXI, não conseguimos mais identificar quem cria a informação falsa ou quem a dissemina.

Nos dias de hoje, por exemplo, você conseguiria identificar o autor de alguma notícia disseminada nas redes sociais sobre a morte de algum cantor famoso? E se tal informação é real ou falsa? Geralmente, nós ficamos sem saber quem foi o emissor de determinada informação e, em muitos casos, acabamos polinizando a mensagem sem fazer a lição básica de checar a origem. Só conseguimos saber se esse fato é verdadeiro ou não depois que algum veículo de informação tradicional o desmente ou quando o próprio alvo da *fake news* vem em sua defesa para reivindicar a verdade.

3   Romance escrito por Herbert George Wells e publicado em 1898.

Sem a existência de um polo centralizador das notícias, é cada vez mais frequente a existência dos fenômenos *fake news* e pós-verdade (*post-truth*). Enquanto a *fake news* é uma notícia falsa, a pós-verdade se caracteriza pela relativização da verdade usando um discurso emotivo, como afirma Zarzalejos (2017): "A tecnologia, com o arrasamento da intermediação jornalística, desmoralizou o relato jornalístico, fulminando os atributos que asseguravam um papel social de controle e fidelidade da verdade". A esse respeito, Keen (2009, p. 20) comenta o seguinte:

> A verdade, parafraseando Tom Friedman, está sendo "achatada" à medida que criamos uma versão sob solicitação, personalizada, que reflete nossa própria miopia individual. A verdade de uma pessoa torna-se tão "verdadeira" quanto a de qualquer outra. Hoje a mídia está estilhaçando o mundo em um bilhão de verdades personalizadas, todas parecendo igualmente válidas e igualmente valiosas.

Diante desse cenário, mais do que relatar os fatos, o jornalista tem sido cobrado por atuar em outra vertente: checar a verdade das informações disseminadas pela internet. Diante do excesso de informação e da disputa pela atenção da audiência, informações falsas são produzidas e circulam por várias horas antes de serem desmentidas; quando são consertadas, o estrago já está feito, porque a informação correta não é tão atraente quanto a fantasiosa. Paralelamente a isso, a *fake news* já deixou seu rastro digital para ser resgatada a qualquer tempo.

Entre as prováveis causas para a proliferação de notícias falsas, estão a veiculação de informação por outros meios que não os mediados por jornalistas, a existência de polarização política, bem como o fortalecimento de uma sociedade que relativiza a verdade.

Dizem que onde há lágrimas, há vendedores de lenços de papel, e esse mesmo raciocínio vale para as notícias falsas. Nesse cenário, uma oportunidade de trabalho que pode ser ocupada por jornalistas empreendedores é a função de *fact-checkers*. São profissionais que têm a missão de se dedicar à verificação dos fatos, utilizando como metodologia a apuração jornalística que aprendem na faculdade.

Estudo de caso

Paixão pela apuração jornalística

Entre as primeiras iniciativas de empreendedorismo na área de *fact-checking*, estão as agências Lupa[4] e Aos Fatos[5], criadas em

---

4 *Site* da agência Lupa: <http://piaui.folha.uol.com.br/lupa/>. Acesso em: 17 out. 2019.
5 *Site* do portal Aos Fatos: <https://aosfatos.org/>. Acesso em: 17 out. 2019.

2015 e signatárias de um código internacional de princípios estabelecido pela International Fact-Checking Network (IFCN)[6].

A Lupa tem a missão diária de acompanhar o noticiário de editorias como política, economia, cidade, cultura, educação, saúde e relações internacionais para corrigir informações imprecisas e divulgar dados corretos. O resultado desse trabalho é vendido a outros veículos de comunicação e também publicado no próprio *site* da agência. Desde sua criação, a Lupa já produziu checagens em formato de texto, áudio e vídeo, bem como divulgou seu trabalho em jornais, revistas, rádios, *sites*, canais de televisão e redes sociais, tanto no Brasil quanto no exterior. Como forma de buscar rentabilizar o projeto, a Lupa é uma *startup* que faz parte da revista *Piauí*, que investe no crescimento da agência.

Outra agência criada foi o portal Aos Fatos. Para cumprir seu objetivo, os jornalistas da plataforma acompanham diariamente o discurso de figuras públicas, aplicando um método que consiste nas seguintes etapas:

1ª etapa – Seleção de uma declaração pública a partir de sua relevância;

2ª etapa – Consulta da fonte original para checagem da veracidade;

---

6 *Site* oficial do IFCN, que reúne iniciativas de checagem de dados: <https://www.poynter.org/channels/fact-checking>. Acesso em: 17 out. 2019.

3ª etapa – Procura por fontes de origem confiável como ponto de partida;

4ª etapa – Consulta de fontes oficiais, para confirmar ou refutar a informação;

5ª etapa – Consulta de fontes alternativas, que podem subsidiar ou contrariar dados oficiais. Registrando, de modo acessível, no texto;

6ª etapa – Contextualização;

7ª etapa – Classificação da declaração como sendo: verdadeira, imprecisa, exagerada, falsa, contraditória ou insustentável. (Silva, 2017)

Um exemplo dessa classificação pode ser constatado em uma matéria[7] sobre as mais relevantes declarações falsas do presidente norte-americano Donald Trump em 2017, checadas pelos veículos *Washington Post* e *PolitiFact*, ambos respaldados pela IFCN.

---

7 A matéria em questão pode ser acessada pelo seguinte *link*: <https://aosfatos.org/noticias/do-grampo-de-obama-interferencia-russa-declaracoes-falsas-de-trump-mais-relevantes-do-ano>. Acesso em: 17 out. 2019.

4.4 Consultoria

Em um jornalista, a paixão por conteúdo, texto, pesquisa e, claro, por escrever e relatar fatos é uma propensão natural. Porém, os profissionais dessa área foram pouco preparados nos bancos escolares para desenvolver um perfil mais analítico e estratégico, lidar com gestão, finanças ou contabilidade. A rotina sempre foi chegar na redação, buscar a pauta que previamente já havia sido pensada por um pauteiro e partir atrás da notícia. Afinal, os jornalistas são fazedores por natureza.

O mercado, por outro lado, vem exigindo profissionais com capacidade de análise e planejamento antes da execução de tarefas. A estratégia precede a operação, e é justamente essa a mudança de chave para a qual precisamos estar prontos caso nosso foco seja prestar consultoria de comunicação. De certa forma, o trabalho de assessoria de imprensa já exercita o pensar estratégico, mas se limita a um foco específico, que é a reputação da empresa diante da mídia. Em consultoria, a abrangência é maior, porque o consultor vai analisar desde a recepcionista que demora cinco toques para atender o telefone da companhia até a diferença de logomarca nos cartões de visita dos vendedores; a comunicação interna e suas estratégias acertadas ou o excesso de ferramentas que só fazem poluir e não comunicam nada ou quase nada; a liderança distante ou participativa e seu clima organizacional; entre outros aspectos.

Enfim, trata-se de um trabalho que envolve uma visão macro da estrutura organizacional, e não apenas uma fatia dessa realidade. Por isso, além de sermos especialistas de comunicação, precisamos buscar competências complementares se quisermos atuar nessa área, conhecendo mais sobre comunicação interna, *coaching*, *marketing*, *marketing* digital e suas vertentes, além de desenvolver atitudes como negociação, prospecção e gestão. É um composto de experiências que nos capacita a prestar consultoria em comunicação, ou seja, a somatória de todas as vivências acumuladas.

Assim, o trabalho em consultoria se assemelha ao de um agente operacional. Afinal, não é ele que operacionaliza o trabalho de otimizar o *site* ou melhorar a indexação, mas é ele quem detém o conhecimento estratégico suficiente para poder contratar um profissional qualificado e cobrar dele os resultados e indicadores de *performance*.

Para elaborar a consultoria, o profissional precisa desenvolver um planejamento que envolve algumas etapas, conforme exposto por Kunsch (2001):

- **Avaliação da organização no contexto macro** – Em muitos casos, a matriz SWOT é um dos recursos mais aplicados, porque analisa os ambientes externo e interno.
- **Pesquisa** – Aqui cabem entrevistas presenciais e reuniões com gestores, líderes e colaboradores, levantamento de

todos os produtos de comunicação, análise do posicionamento da liderança quanto à comunicação, entre outros aspectos da organização como um todo.

- **Briefing** – Todas as informações coletadas servem para elaborar um documento que vai mapear o planejamento, principalmente nos que se refere aos pontos fortes e fracos e às ações prioritárias.

- **Diagnóstico** – A etapa posterior ao *briefing* é apontar aos gestores a fotografia do momento, bem como os problemas encontrados na empresa e de forma personalizada, os quais, em alguns casos, são ignorados. A etapa de diagnóstico também sugere a proposição de soluções.

- **Objetivos e metas** – Primeiramente, é bom esclarecer que há diferenças entre esses termos, pois muitas vezes eles podem ser confundidos. Objetivo é o que se quer alcançar, ao passo que as metas se referem à quantificação desses objetivos. Por exemplo: o objetivo pode ser aumentar o grau de satisfação dos colaboradores, ao passo que a meta é atingir 80% de satisfação.

- **Elaboração do projeto** – Essa etapa diz respeito a dividir o projeto em estratégias, traçar um plano tático (o que) e operacional (atribuição de responsabilidades), além de elaborar um orçamento geral e um cronograma de implementação.

- **Avaliação dos resultados** – Consiste em analisar e verificar se as estratégias escolhidas foram corretas e eficazes, listar os pontos positivos e negativos, além de corrigir a rota em alguns casos em que os programas têm continuidade.

Estudo de caso

A importância das múltiplas experiências para atuar em consultoria

Se existe um profissional que podemos classificar como multidisciplinar é Sulamita Mendes. Formada em Comunicação Social, com qualificação em jornalismo, relações públicas e publicidade, ela acredita que nunca se dedicou a uma atividade apenas, mas foi navegando em diversos mares e colhendo múltiplas experiências – de agências de publicidade a redações de jornal, passando por assessoria de imprensa e área de docência.

Foi do acúmulo dessas vivências que Sulamita se tornou consultora em comunicação:

> Por incrível que pareça, sou consultora desde 1985. Não da forma como se classifica profissionalmente hoje, mas com os resultados de consultoria. Eu era terceirizada do Sistema Senac e lá atendia mensalmente pelo menos duas grandes empresas para fazer levantamento de necessidades de comunicação. Eram grandes empresas e eu, recém-formada, me beneficiei muito dessa experiência. (Mendes, 2018)

Para quem quer atuar nessa área, a consultora afirma ser necessário conhecimento teórico, técnico e prático:

A vantagem em ter as três formações e ter atuado em todas elas é agilidade na percepção quando estou fazendo o diagnóstico de oportunidades e necessidades. Consigo perceber quando um negócio, um produto, um serviço ou um profissional autônomo ou pessoa pública tem a oportunidade de ser notícia ou precisa de outra estratégia para se destacar no segmento em que está inserido. Como jornalista percebo se há oportunidade para a transformação em notícia de fato, com interesse dos *stakeholders* onde está inserido meu cliente de consultoria. Ou, então, noto que não conseguiremos mídia espontânea com trabalho de assessoria de imprensa (que é a notícia), mas precisaremos de estratégias de publicidade, com espaço pago (que é a propaganda). (Mendes, 2018)

Com mais de 33 anos de experiência no mercado, ela já observou colegas tentando usar apenas ações de jornalismo como estratégias. Mas, sendo totalmente comercial, um fato não desperta o interesse dos veículos de comunicação sendo notícia, apenas por meio de um espaço pago. Assim, é a rapidez na resposta da consultoria que diferencia Sulamita Mendes.

Sua sistemática de atuação abrange um período de três a seis meses para fazer levantamento da empresa e das necessidades de comunicação e *marketing*, bem como a entrega de um plano de ação para que a organização tome as devidas providências por sua conta:

> As empresas hoje em dia querem respostas automáticas como se o consultor tivesse uma varinha mágica ou uma resposta pronta e igual para todos os clientes. Procuro dar um diagnóstico do que é mais evidente o mais rápido possível para poder tangibilizar a consultoria, para conseguir dar direcionamentos de curto prazo e perceberem que é possível mudar. (Mendes, 2018)

Um exemplo de consultoria realizado por Sulamita Mendes envolveu uma empresa da área jurídica que conseguiu construir fluxos internos de comunicação como resultado de comportamentos e atitudes, além de elaborar a identidade de marca (*branding*), que abrangeu desde a construção da logo até a definição de qual público interessava à empresa e de como se comunicar com ele (meios, linguagem e outras estratégias):

> Fiquei muito satisfeita com os resultados. Em menos de seis meses a empresa tinha aumentado uma sala de atendimento

e já havia implantado estratégias de comunicação organizacional e, em menos de um ano, já estava se relacionando com clientes, inclusive de fora do Paraná, e já tinha se mudado para um lugar maior, com estratégias definidas de comunicação e *marketing*. Isso tudo como resultado da consultoria, mas muito também pela atitude dos diretores em acreditar, investir e criar estratégias sólidas de negócios. (Mendes, 2018)

Para quem se inspirou com essa história de sucesso, a ação de empreender na área de consultoria deve compreender que se trata de ir muito além do jornalismo, como afirma Mendes (2018):

> Logo que saí de redação, percebi que gostaria de trabalhar com o mercado empresarial. Busquei muitos livros e cursos. Fiz quase todos os cursos que apareciam sobre gestão, mudei meu linguajar para compreender o que o empresário falava e para que eu pudesse também explicar o que ele poderia conseguir. Outra dica é participar de congressos e palestras empresariais, fora da área de jornalismo, mas em segmentos que você possa planejar atender para entender e poder usar o mesmo linguajar compreendido pelos empresários.

A consultoria em comunicação é uma das formas de atuação para profissionais seniores, que acumulam *expertise* de várias áreas. De maneira autônoma, esses consultores podem atuar em empresas privadas, empresas do terceiro setor e inclusive com profissionais liberais. São estrategistas por excelência, realizando o diagnóstico e implementando planos de ação em conjunto com a equipe interna.

Síntese

Neste capítulo, buscamos detalhar modelos inovadores e multidisciplinares de empreendedorismo. Assim como o *marketing* se reinventou, migrando de um modelo massivo para a entrega *one-to-one*, o jornalismo também trouxe novos atores para o palco. É o caso dos *digital influencers*, que atualmente povoam a internet. São pessoas até então anônimas, mas que agregam em torno de si seguidores de suas mensagens, tendências e orientações. Isso gera um verdadeiro mercado aglutinador para as marcas, já que o *digital influencer* reúne o público-alvo das empresas com a linguagem própria do blogueiro para atrair consumidores. Outra área para o jornalista empreendedor, como vimos, é o *marketing* de conteúdo. Isso porque, cada vez mais, o conteúdo que traz engajamento é mais significativo para as marcas do que meros anúncios. Atrair clientes pelos argumentos certos é a matéria-prima do *marketing* na atualidade. Além disso, uma das figuras do jornalismo na era da pós-verdade e das *fake news* é o de *fact-checker*, o jornalista que se utiliza da metodologia de apuração para aferir se determinada notícia é falsa ou verdadeira.

Ao final de cada tópico abordado, apresentamos um estudo de caso de empreendedores dessas áreas, para propor um melhor entendimento das questões trabalhadas e que ilustram bem os conceitos elencados.

Questões para revisão

1. Qual é a relação entre o surgimento dos *blogs* e o aparecimento de *digital influencers*?

2. Nos tempos atuais, o *marketing* de conteúdo passou a ser uma das áreas de atuação do jornalista. Enumere alguns dos fatores que tornam esse profissional ideal para essa área.

3. Analise as asserções a seguir:
   I) "os *blogs* são consequência da democratização das ferramentas: o advento de softwares e de serviços simples e baratos que facilitam a tal ponto a editoração on-line que ela se torna acessível a todos" (Anderson, 2008, p. 62).
   II) Uso de palavras-chave, relevância e superficialidade são alguns dos atributos da construção de um texto para *marketing* de conteúdo.
   III) *Fake news* é um fenômeno que se caracteriza pela relativização da verdade.

A seguir, assinale a alternativa correta:

a) Apenas sentenças I e III são falsas.
b) Apenas a sentença I é verdadeira.
c) Apenas sentenças I e II são verdadeiras e apresentam correlação entre si.
d) Apenas a sentença III é falsa.
e) Apenas as sentenças II e III são verdadeiras.

4. Com relação ao trabalho de consultoria, analise as seguintes assertivas e assinale V para as verdadeiras e F para as falsas:

( ) A matriz SWOT é um dos instrumentos para verificar as métricas do atendimento ao cliente.

( ) Na etapa de diagnóstico, há sempre um padrão a apresentar ao cliente.

( ) Os planos estratégico, tático e operacional compõem um planejamento em consultoria.

( ) Ajudar a empresa a construir fluxos internos de comunicação e renovar a identidade de marca (*branding*) são alguns dos resultados do trabalho de consultoria.

Agora, indique a alternativa que apresenta a sequência obtida:

a) V, F, F, V.
b) V, V, F, F.

c) F, F, V, V.
d) V, F, F, V.
e) F, V, V, F.

5. Associe cada um dos itens a seguir à etapa correspondente do planejamento em consultoria de comunicação e ao motivo pelo qual ela é importante:

I) Pesquisa
II) *Briefing*
III) Diagnóstico
IV) Objetivos e metas
V) Elaboração do projeto

( ) Etapa posterior ao *briefing*, em que é mostrada aos gestores a fotografia do momento, bem como os problemas encontrados na empresa, além da proposição de soluções.

( ) Caminho para alcançar o que se quer; envolve também a mensuração quanto ao atingimento de propósitos

( ) Divisão do projeto em estratégias, desenvolvimento de um plano tático e operacional, além da elaboração de um orçamento geral e de um cronograma de implementação.

( ) Elaboração de um documento que vai mapear os pontos fortes e fracos e as ações prioritárias.

( ) Entrevistas presenciais e reuniões com gestores, líderes e colaboradores, levantamento de todos os produtos de comunicação, análise do posicionamento da liderança quanto à comunicação, entre outros aspectos da organização como um todo.

Assinale, a seguir, a alternativa que apresenta a sequência obtida:

a) I, III, V, IV, II.
b) III, I, IV, II, V.
c) IV, III, I, V, II.
d) III, IV, V, II, I.
e) V, II, III, I, IV.

Questões para reflexão

1. Como o jornalista pode explorar as redes sociais exercendo a atividade de *digital influencer*?

2. De que maneira o jornalista empreendedor pode atuar como especialista em SEO?

3. O fenômeno "eu" mídia é a criação de mídia própria por pessoas e empresas. Como o jornalista pode atuar nesse segmento?

4. Que tipo de especialização precisa ter o jornalista que pretende se especializar em detectar *fake news*?

5. De que forma a experiência pode ser importante para que o jornalista atue como consultor?

Capítulo
05

Noções básicas para iniciar e gerir uma empresa de comunicação

Conteúdos do capítulo

- Planejar é preciso.
- Vários caminhos para empreender.
- Como realizar a gestão de equipes.
- Como gerenciar o tempo.
- Estratégias de prospecção e vendas.
- Como realizar precificação.

Após o estudo deste capítulo, você será capaz de:

1. elaborar um planejamento com todas suas etapas;
2. compreender e diferenciar as várias metodologias para estruturar um negócio;
3. ter visão macroestratégica sobre o funcionamento de uma empresa e suas necessidades;
4. utilizar uma competência analítica e gerencial.

Empreendedorismo, plano de negócios e gestão não são conceitos habituais nas tradicionais faculdades de jornalismo, mas a abordagem de tais noções passa a ser cada vez mais necessária. Felizmente, este livro contribui para mudar essa realidade, demonstrando as competências que precisamos buscar para abrir novos horizontes de empreender em comunicação. Na área, aprendemos técnicas, ferramentas e a operação do fazer jornalístico. Por esse motivo, somos tarefeiros por natureza. Mas temos muito poucas oportunidades de, como agora, refletir como empreendedores, indivíduos com uma capacidade de fazer a diferença no mundo com seus negócios.

Logo, primeiramente, o jornalista precisa mudar seu modelo mental, para agir como profissional capaz de inovar, exercer a criatividade, o senso prático e a vontade transformadora. Exemplo disso é o da relações públicas Lorrana Scarpioni, que teve a ideia de criar uma rede colaborativa de troca de tempo, a beliive, com mais de 200 mil usuários. Mas isso demandou tempo, dedicação e a crença na rentabilidade futura (Ferreira, 2014).

No momento em que existe um problema, surge a demanda por algum tipo de solução. É esse o principal alvo de atuação para o jornalista empreendedor. E a comunicação, embora embasada por todo um aparato tecnológico, ainda representa um dos principais desafios na sociedade. Para você iniciar uma empresa, é necessário conhecer seu foco e seu talento essencial, para, então, avançar às várias etapas que vamos detalhar neste capítulo.

5.1
Planejamento

O Brasil é um país que concentra uma grande população com vocação empreendedora, de acordo com o relatório do Global Entrepreneurship Monitor (GEM) (Agência Sebrae de Notícias, 2016). Conforme o estudo, dentre os países que formam o chamado Brics (Brasil, Rússia, Índia e China), o Brasil é a nação mais empreendedora, com taxa de empreendedorismo na ordem de 21% contra 11% da Índia, por exemplo. No entanto, historicamente o povo brasileiro tem pouca tradição quando o assunto é planejamento. A consequência disso é o número elevado de empresas que fecham as portas no país, chegando a 60% nos cinco primeiros anos, de acordo com levantamento do Instituto Brasileiro de Geografia e Estatística (IBGE) (Villas Bôas, 2017).

Um dado alarmante revela que a maior taxa de fechamento de negócios é na área de comunicação e informação, representando 21,1% dos casos. Vamos analisar por que isso acontece e, claro, reduzir as chances de seu negócio entrar para essa estatística.

Planejar é uma habilidade vinculada à administração, e os jornalistas empreendedores mais recentemente passaram a se habituar a pensar estrategicamente como gestores. Drucker (1998) define que a principal tarefa do planejamento é enfrentar a incerteza do futuro. Em um cenário no qual vivemos inovações em ritmo cada vez mais acelerado, a tendência é de que o planejamento seja uma etapa fundamental, mas com prazos cada vez mais curtos. Porém, mesmo com esse ambiente empresarial, somente uma parte do futuro será incontrolável, justamente quando o inesperado e o desconhecido ocorrerem. Para todas as outras situações, podemos prever situações que porventura venham a ocorrer. A esse respeito, Maximiano (2012) detalha que planejar envolve três tipos de decisão: definir objetivos, estabelecer cursos de ação e propor meios de execução:

1. **Objetivos** – Qual situação deve ser alcançada com o empreendimento.
2. **Cursos de ação** – Quais são os caminhos para atingir os objetivos.
3. **Meios de execução** – Qual é a previsão dos recursos necessários para realizar os objetivos.

Logo, planejar é uma etapa importante, porque possibilita redimensionar continuamente as ações presentes e futuras, como se fosse uma bússola a nos mostrar se estamos seguindo para o caminho certo. O planejamento não nos deixa desviar os rumos e, caso isso aconteça, é possível entender as circunstâncias e novamente nos adequarmos ou até mudarmos, se for necessário. Sem planejamento, as decisões da empresa ficam à deriva e ocorrem ao acaso, com soluções aleatórias e improvisadas.

Atuando há 26 anos como especialista em empreendedorismo, Sandra Trujillo Costa, coordenadora estadual do canal Ponto de Atendimento no Sebrae-PR, aponta que todo empreendedor quer ver seu negócio pronto e, por conta disso, a ansiedade pode prejudicá-lo: "O primeiro erro é não planejar e, mesmo após planejar, muitos cometem o equívoco de diminuir os custos para a conta fechar" (Costa, S. T., 2018).

Além disso, outra falha que pode ser cometida diz respeito à parte financeira. Muitos empresários de primeira viagem acreditam que, após abrir um negócio, no dia seguinte já estarão faturando, mas a realidade não é bem essa. Para rodar o negócio, é preciso ter uma sobra de caixa até contar com um número de clientes mês a mês.

> Pesquisas com empresas que fecharam mostram que o empresário não se capacitou para a atividade em que pretendia atuar, faltou especialização e não se capacitou em gestão, abrindo

sem saber formar preço, sem um posicionamento ou estratégia de marketing ou como contratar de modo a não ter rotatividade alta. (Costa, S. T., 2018)

Quem abre empresa por necessidade, porque estava desempregado ou por exigência do cliente ou fornecedor, também apresenta menor índice de sustentabilidade.

Por esses motivos, o preparo do empreendimento é importante e deve ser levado em consideração, mesmo que o planejamento adotado seja simplificado. Em um mundo em constante disrupção dos modelos tradicionais de negócio, o planejamento não é mais um documento estático e inflexível, mas está em constante mudança, sendo um exercício não apenas da alta direção ou de seus fundadores, mas de todos que fazem parte da organização. Vários dos estudos de caso que lhe estamos apresentando neste livro surgiram da observação sistemática dos cenários, os quais, consequentemente, trazem oportunidades para quem busca preencher as brechas do mercado. Sob essa ótica, Dornelas (2008) orienta sobre a conceituação do plano de negócios e sintetiza alguns pontos importantes que nele devem constar, entre os quais, citamos:

- Qual é a razão para a existência de um negócio próprio?
- O negócio atende a uma necessidade do mercado?

- O empreendimento apresenta perspectivas futuras para receber investimentos de sócios, investidores-anjo, entre outros?

Um bom planejamento deve ter três níveis de abrangência, para que todos os membros da empresa, da liderança até o nível operacional, possam estar alinhados e atuando em sintonia para alcançar os objetivos traçados gerencialmente. Kunsch (2003, p. 214-215, grifo nosso) assim os define:

> **Planejamento estratégico**
>
> [...] Responsável pelas grandes decisões estratégicas que envolvem as organizações como um todo. Caracteriza-se como planos de longo prazo e em constante sintonia e interação com o ambiente. O planejamento estratégico visa buscar as melhores formas para gerenciar as ações estratégicas das organizações, tendo por base as demandas sociais e competitivas, as ameaças e as oportunidades do ambiente, para que a tomada de decisões no presente traga os resultados mais eficazes possíveis no futuro.
>
> **Planejamento tático**
>
> [...] Atua numa dimensão mais restrita e em curto prazo. Restringe-se a certos setores ou a áreas determinadas das organizações. É, portanto, mais específico e pontual, buscando

dar respostas às demandas mais imediatas, por meio de ações administrativas e técnicas eficientes. Serve de meio ou instrumento para implementação do plano estratégico, mediante a correta utilização dos recursos disponíveis com vistas à obtenção dos objetivos propostos ou prefixados. Ocupa na hierarquia organizacional um nível inferior ou intermediário à base operacional. Faz, portanto, a integração entre os planejamentos estratégico e operacional.

Planejamento operacional

[...] É responsável pela instrumentalização e formalização, por meio de documentos escritos, de todo o processo do planejamento, bem como das metodologias adotadas. Controla toda a execução e procura corrigir os desvios em relação às propostas sugeridas. Permite visualizar as ações futuras num contexto operacional em termos de hierarquia funcional.

Os três tipos de planejamento expostos na citação anterior estão didaticamente apresentados no Quadro 5.1, a seguir.

Quadro 5.1 – Tipos de planejamento

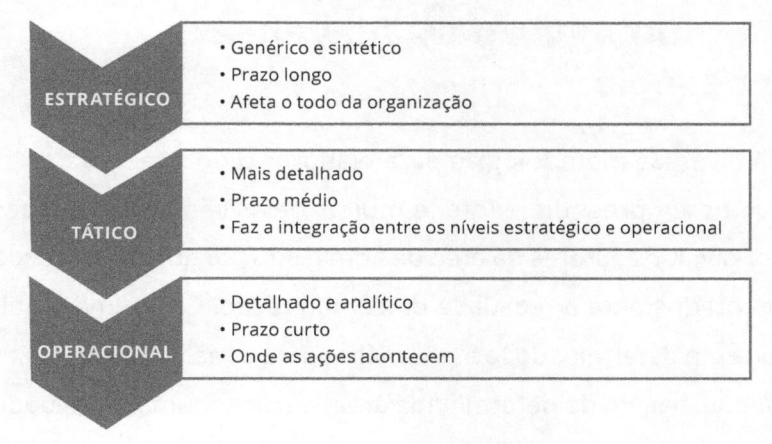

ESTRATÉGICO
- Genérico e sintético
- Prazo longo
- Afeta o todo da organização

TÁTICO
- Mais detalhado
- Prazo médio
- Faz a integração entre os níveis estratégico e operacional

OPERACIONAL
- Detalhado e analítico
- Prazo curto
- Onde as ações acontecem

Fonte: Kunsch, 2003, p. 215.

Mais do que ter ideias, é necessário planejar, e isso demanda cumprir determinadas etapas que, se realizadas de forma objetiva, são essenciais para se chegar à meta de ter um negócio com solidez. O que acontece, no entanto, é que o empreendedor brasileiro, na maioria das vezes, é muito de executar e pouco de planejar. É impulsivo por natureza e pouco afeito à etapa de planejamento. Por esses e outros motivos, a mortalidade das empresas é grande nos primeiros cinco anos. Como esse não é o objetivo de nenhum empreendedor, deter atenção a essa fase é crucial.

5.2 Metodologias para alavancar o negócio

Há diversas metodologias para elaborar o documento descritivo do empreendime4nto, e muitas delas são aprofundadas por diversos autores da área de administração que estão sendo adaptados para a realidade da comunicação. Cada uma é utilizada em determinado foco de análise para a realização do plano ou abordagem de determinada área, mas nenhuma delas pode ser tratada como específica para a realização de um plano de negócios.

Assim, tais metodologias – as quais serão descritas a seguir, nesta seção – cumprem com determinado foco de análise da empresa, seja para analisar os cenários interno ou externo, seja para verificar o potencial e a validação com o mercado, entre outros objetivos.

Em empresas da área de tecnologia, por exemplo, o Canvas é utilizado como ponto de partida para refletir sobre o negócio. Nessa linha de raciocínio, Marcos Schlemm, consultor de gestão e inovação, permaneceu três anos e meio como professor visitante na região do Vale do Silício (EUA) e conta que por lá é comum entre os investidores-anjo darem prioridade a planos de negócio que utilizam o método Canvas, por ser sintético e visual, agilizando a tomada de decisão de investir ou não em um determinado projeto: "Esses investidores recebem em média 100 projetos por semana e eles aprenderam a olhar para o Canvas para tomar decisões. E o investidor quer isso, porque é um mundo com muita velocidade de informação" (Schlemm, 2018).

Já a ferramenta SWOT, por sua vez, é amplamente disseminada para a elaboração do planejamento estratégico da empresa no curto, médio e longo prazos. Há situações, por exemplo, que envolvem a implantação de várias decisões de forma sincronizada, quando a empresa já está tomando forma. Nesse caso, a ferramenta 5W2H pode ser um método eficiente para estar inserida em cada plano de negócios, uma vez que oferece orientações para a implementação de cada decisão gerencial.

Assim também funcionam as demais ferramentas que explicaremos a seguir, para que o empreendedor possa, inicialmente, pensar sobre a viabilidade do seu negócio e, então, partir para a implementação do empreendimento em si. São ferramentas gerenciais com as quais o jornalista não está habituado, porque são próprias das áreas de administração, negócios e finanças.

∴ Canvas

O Canvas é uma ferramenta prática e simplificada do plano de negócios, interessante para testar uma ideia ou um projeto. É formado por um *framework* (Canvas) (Figura 5.1) que permite descrever o negócio com ênfase em nove áreas para refletir sobre objetivos, segmento, canais, entre outras definições.

Figura 5.1 – Modelo Canvas

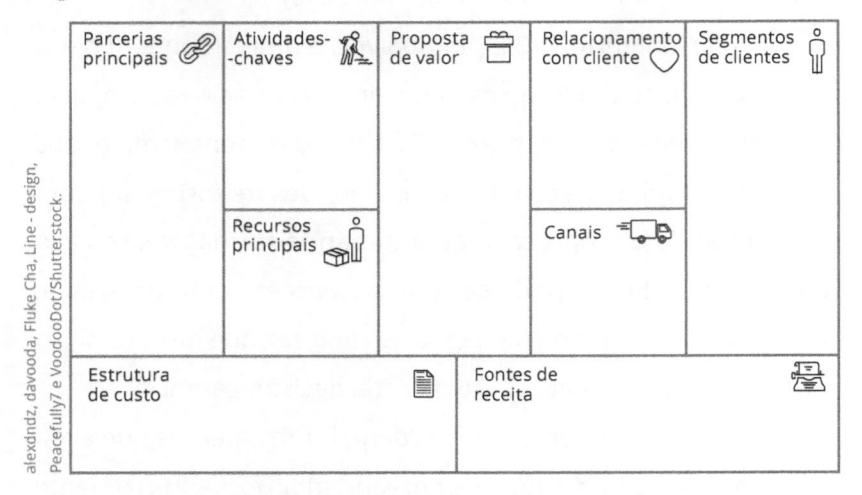

Parcerias principais	Atividades--chaves	Proposta de valor	Relacionamento com cliente	Segmentos de clientes
	Recursos principais		Canais	
Estrutura de custo			Fontes de receita	

Fonte: Aveni; Pinto, 2014, p. 3389.

A seguir, explicamos cada uma das áreas descritas no Canvas:

- **Proposta de valor** – A razão pela qual o negócio é viável e presume o que ele apresenta para o cliente, o que este ganha com a implementação do processo ou a apresentação de tal produto/serviço.

- **Segmento de clientes** – A quem o projeto se destina, ou seja, qual é o público e em que tipo de mercado se pretende atuar.
- **Canais (distribuição e comunicação)** – Como se pretende atingir o cliente e quais serão os meios de divulgação e de ouvidoria.
- **Relacionamento com clientes** – O que será oferecido para conquistar e manter o cliente.
- **Recursos principais** – Quais serão os recursos requeridos pelo projeto (físicos, humanos, intelectuais ou econômicos) e qual será a marca do negócio.
- **Atividades-chave** – O que se deve saber e fazer.
- **Parcerias-chave** – Quem apoia a organização nesse negócio; quem agregará valor conjuntamente; quais são os fornecedores principais e como os parceiros serão motivados.
- **Estrutura de custo** – Quais serão os investimentos-chave e o que mais demandará desembolso financeiro.
- **Fontes de receitas** – Quais são as fontes de receita e de onde vêm a receita do projeto.

Após o exposto, observe, na Figura 5.2, a aplicação prática de um modelo Canvas, em que os itens levantados anteriormente foram preenchidos.

Figura 5.2 – Modelo Canvas aplicado à empresa de *crowdfunding* Catarse

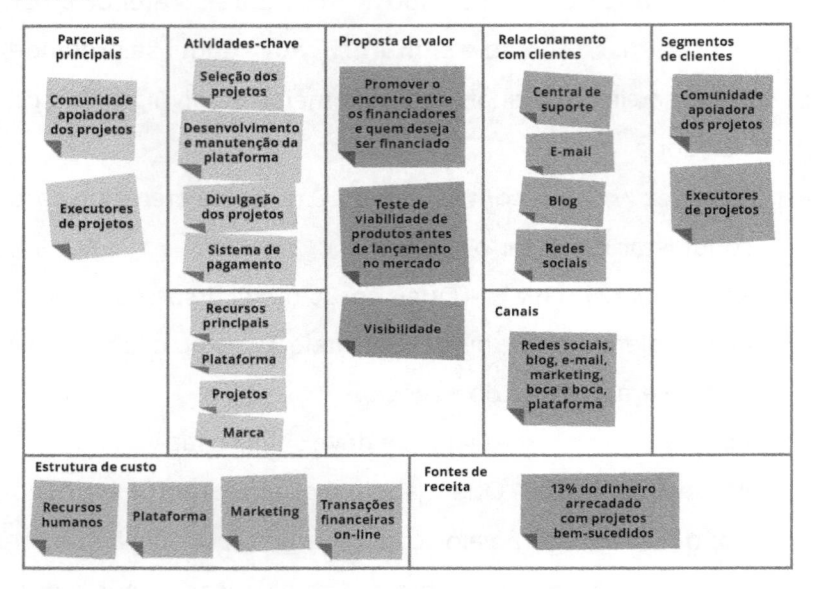

Parcerias principais	Atividades-chave	Proposta de valor	Relacionamento com clientes	Segmentos de clientes
Comunidade apoiadora dos projetos	Seleção dos projetos	Promover o encontro entre os financiadores e quem deseja ser financiado	Central de suporte	Comunidade apoiadora dos projetos
	Desenvolvimento e manutenção da plataforma		E-mail	
Executores de projetos	Divulgação dos projetos	Teste de viabilidade de produtos antes de lançamento no mercado	Blog	Executores de projetos
	Sistema de pagamento		Redes sociais	
	Recursos principais	Visibilidade	**Canais**	
	Plataforma		Redes sociais, blog, e-mail, marketing, boca a boca, plataforma	
	Projetos			
	Marca			

Estrutura de custo				Fontes de receita	
Recursos humanos	Plataforma	Marketing	Transações financeiras on-line		13% do dinheiro arrecadado com projetos bem-sucedidos

Fonte: Aveni; Pinto, 2014, p. 3392.

O modelo Canvas permite uma visualização ampla do negócio, podendo ser utilizado para empreendedores novatos, que estão ainda buscando estruturar uma ideia e colocá-la na prática. Em muitos casos, essa estrutura já mostra os potenciais do negócio, bem como os pontos que necessitam ser aperfeiçoados.

∴ Matriz SWOT

A criação da matriz SWOT é atribuída a Peter Drucker, considerado o pai da administração moderna. O termo *SWOT* refere-se às iniciais das palavras *s*trenghts (forças), *w*eaknesses (fraquezas), *o*pportunities (oportunidades) e *t*hreats (ameaças). Também é conhecida como *análise FOFA* (**f**orças, **o**portunidades, **f**raquezas e **a**meaças).

Esse instrumento nos permite aprofundar o conhecimento sobre o negócio, além de torná-lo mais eficiente e competitivo. A matriz SWOT se divide na análise dos seguintes quadrantes: ambiente interno (forças e fraquezas) e ambiente externo (oportunidades e ameaças). Por isso, ao proceder a essa análise, seja honesto e enumere as situações conforme a realidade se apresenta, e não considerando como você gostaria que fosse. Assim, você terá um mapeamento mais real possível do cenário para implementar seu negócio.

Observe, na Figura 5.3, como a matriz SWOT se configura. Na sequência, apresentamos as características de cada elemento que a compõe, considerando os questionamentos que devem nortear a análise de cada um deles.

Figura 5.3 – Matriz SWOT

	Contribui para a estratégia da sua empresa	Dificulta a estratégia da sua empresa
Aspectos internos	S: Quais são os pontos fortes do seu negócio?	W: Quais são os pontos fracos do seu negócio?
Aspectos externos	O: Quais são as oportunidades para o seu negócio?	T: Quais são as ameaças para o seu negócio?

Fonte: Sebrae, 2019, p. 2.

- *Strenghts*/Forças (fatores internos) – Características da empresa ou de seus sócios que representam vantagens competitivas:

- O que eu tenho de diferente do meu concorrente?
- O que o cliente reconhece como sendo minha diferenciação?
- Que forças minha experiência representa?

• *Weaknesses*/Fraquezas (fatores internos) – Situações de desvantagem em relação à concorrência ou que prejudicam a atuação de uma empresa:
- Por que meus clientes iriam preferir a concorrência?
- Meus serviços são de excelência?
- A falta de experiência anterior pode me prejudicar?

• *Opportunities*/Oportunidades (fatores externos) – Situações favoráveis que permitem à empresa alcançar seus objetivos ou melhorar sua atuação:
- Há tendências que ainda não chegaram ao mercado e que podem ser inseridas em meu negócio para sair na frente do concorrente?
- Que novos serviços posso agregar como vantagem ao cliente?

• *Threats*/Ameaças (fatores externos) – Situações em que o empresário tem pouco controle e que colocam a empresa diante de dificuldades, ocasionando a perda de mercado ou a redução de lucratividade:
- Como está a regulamentação de algum setor que pode prejudicar minha atividade?

- Como está o número de empresas no mesmo segmento?
- A elevação dos impostos pode me afetar de alguma maneira?

Ao realizar a análise pela matriz SWOT, conseguimos ampliar nossa visão macroestratégica para além do projeto em si. Passamos a verificar tanto os fatores internos quanto os externos. Com isso, colocamos uma lente objetiva sobre nosso negócio, para muito além do apego emocional que temos para com nosso projeto. Trata-se de olhar com mais assertividade e da maneira mais imparcial possível para eventuais brechas ou dificuldades, antevendo planos de correção.

∴ Cinco forças de Porter

Uma vez que o segmento a atuar e o poder do negócio forem identificados, a metodologia das cinco forças de Porter (Figura 5.4) pode ajudar o empreendedor a analisar com mais profundidade suas forças competitivas no microambiente em que sua empresa está inserida. Criada por Michael Porter, professor da Harvard Business School, essa ferramenta ajuda a ter uma visão ampla dos concorrentes e a vislumbrar possíveis brechas de atuação, ou seja, oportunidades.

Figura 5.4 – Cinco forças de Porter

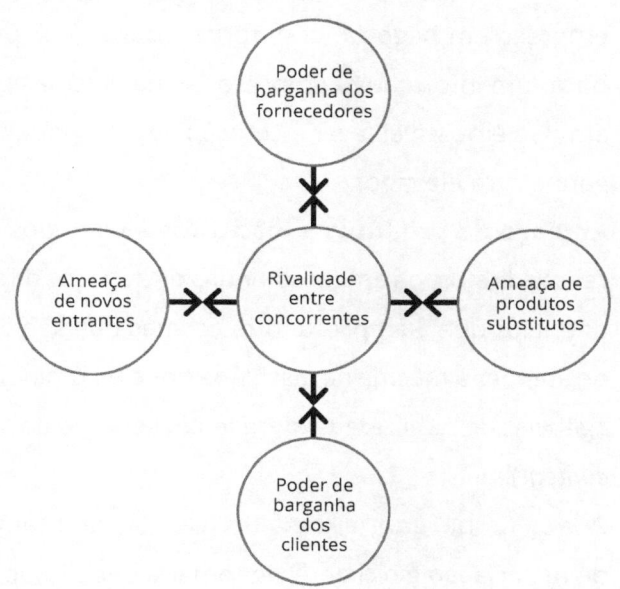

```
                    ┌─────────────┐
                    │   Poder de  │
                    │ barganha dos│
                    │ fornecedores│
                    └──────┬──────┘
                           │
   ┌──────────┐     ┌──────▼──────┐     ┌──────────┐
   │  Ameaça  │     │  Rivalidade │     │ Ameaça de│
   │ de novos │────▶│    entre    │◀────│ produtos │
   │ entrantes│     │ concorrentes│     │substitutos│
   └──────────┘     └──────┬──────┘     └──────────┘
                           │
                    ┌──────▼──────┐
                    │   Poder de  │
                    │   barganha  │
                    │     dos     │
                    │   clientes  │
                    └─────────────┘
```

Fonte: Montgomery; Porter, 1998, p. 4.

Conforme ilustra a Figura 5.4, o modelo das cinco forças de Porter se constitui dos seguintes elementos:

1. **Rivalidade entre concorrentes internos** – Diz respeito a empresas que comercializam o mesmo tipo de produto ou serviço (quanto maior for a rivalidade, maior será o esforço para fazer frente à concorrência, demandando investimentos em *marketing* e inovação).

2. **Poder de barganha dos fornecedores** – É o poder da empresa em negociar com fornecedores (ex.: para elaborar um informativo empresarial, há diversas gráficas em que é possível fazer a cotação; logo, o poder de barganha será elevado).

3. **Ameaça de produtos substitutos** – Além dos concorrentes diretos, há ameaças vindas de serviços diferentes daqueles que a empresa fornece, mas que são capazes de atender à mesma necessidade dos consumidores (ex.: agências de publicidade oferecendo serviços de *branded content*).

4. **Poder de barganha dos clientes** – Quem tem poder de negociação é o cliente, ao tomar a decisão de contratar determinada empresa. Assim, o poder de barganha representa a capacidade de o cliente buscar no mercado melhores condições de preço, quantidade de serviços prestados e outras vantagens.

5. **Ameaça de novos entrantes** – Refere-se à análise das barreiras ou das facilidades para a entrada de um novo concorrente (ex.: elevado capital para abrir o negócio, marcas consolidadas, domínio de tecnologias complexas).

∴ Método 5W2H

O método 5W2H teve origem na indústria automobilística japonesa e ganhou o mundo. Utiliza perguntas cujas respostas geram um plano de ação com as soluções de que o negócio precisa. É eficiente para o momento em que o gestor, após ter delineado o negócio, parte para a execução. A base dessa metodologia está centrada na resposta a sete perguntas essenciais:

1. *What* (O quê) – Qual ação ou atividade deve ser executada ou qual é o problema ou desafio a ser solucionado?
2. *Why* (Por quê) – Por que foi definida tal ação? Refere-se à justificativa dos motivos e objetivos daquilo que está sendo executado ou solucionado.
3. *Who* (Quem) – Quem serão os responsáveis pela execução do que foi planejado?
4. *Where* (Onde) – Onde a ação será realizada (abrangência)? Diz respeito à informação sobre onde cada um dos procedimentos será executado.
5. *When* (Quando) – Quando as ações serão realizadas (período)?

6. ***How* (Como)** – Como a ação será implementada (passo a passo)? Relaciona-se à explicação sobre como serão executados os procedimentos para atingir os objetivos preestabelecidos.
7. ***How much* (Quanto)** – Quanto será gasto? Trata-se da limitação de quanto custará cada procedimento e do custo total do que será feito.

Visualmente, a ferramenta 5W2H consiste em uma tabela que pode ser compartilhada entre os colaboradores por uma planilha de Excel, em ferramentas *on-line*, como o Trello[1], ou em outra ferramenta de distribuição de tarefas. O importante é o acompanhamento pelos gestores e a possibilidade de verificar o andamento do fluxo do trabalho. A seguir, na Figura 5.5, apresentamos um exemplo hipotético dessa ferramenta.

---

1   Ferramenta de trabalho que pode ser acessada em: <https://trello.com>. Acesso em: 17 out. 2019.

Figura 5.5 – Exemplo de aplicação do 5W2H

O quê (What)	Quem (Who)	Quando (When)	Onde (Where)	Por quê (Why)	Como (How)	Quanto (How much)

∴ *Design thinking*

Escolher o *design thinking* para um empreendimento é centrar o planejamento no ser humano, porque tudo se inicia com o desejo de entender as necessidades e motivações das pessoas para as quais se pretende oferecer um produto ou serviço. O interessante nessa metodologia é o envolvimento de várias pessoas, e não apenas dos fundadores. Afinal, nem sempre o que o fundador tem em mente é o que o futuro cliente quer de fato.

Figura 5.6 – *Design thinking*

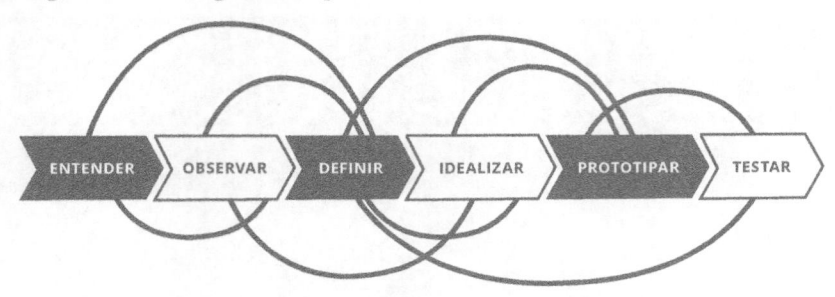

ENTENDER › OBSERVAR › DEFINIR › IDEALIZAR › PROTOTIPAR › TESTAR

Fonte: Elaborado com base em Oliveira, 2018.

Para colocar esse método em ação, é preciso seguir algumas etapas:

- **Empatia** – Entender as necessidades daqueles para quem você está projetando, ou seja, o cliente ou consumidor.
- **Descoberta** – Faça uma pergunta, crie um desafio, resolva um problema, faça pesquisas, busque referências, faça *benchmarking*.
- **Interpretação** – Compartilhe ideias a respeito do desafio e tente descobrir o que você ainda não sabe sobre o problema ou desafio a resolver; compartilhe histórias que podem se tornar oportunidades para o negócio; transforme *insights* em ações.
- **Ideação** – Agrupe ideias, selecione aquelas com maior potencial, busque obstáculos e faça um resumo – etapa de *brainstorming*.

- **Experimentação ou prototipação** – A ideia ganha vida por meio de um protótipo; por isso, crie um anúncio imaginário da ideia, obtenha *feedback* e documente os aprendizados.
- **Teste ou evolução** – Considere como critério de sucesso ferramentas para ajudar a identificar quais partes ainda precisam ser mais desenvolvidas, mas não exclua nenhuma ideia. Planeje os próximos passos, crie um cronograma, identifique parcerias e envolva outras pessoas.

∴ Pirâmide de Maslow

A pirâmide de Maslow trata-se de uma representação gráfica das necessidades humanas e de suas motivações. A aplicação dessa matriz no empreendimento se torna estratégica especialmente para entender os colaboradores e suas motivações por salário, crescimento profissional, autorrealização, *status* ou propósito. Abraham Maslow, criador dessa ferramenta, acredita que as pessoas buscam um significado em seu trabalho, e identificar em qual estágio os colaboradores estão pode representar um diferencial competitivo, em especial na área de serviços, que é formada por pessoas.

Observe, na Figura 5.7, quais são os elementos que compõem a pirâmide de Maslow.

Figura 5.7 – Pirâmide das necessidades humanas de Maslow

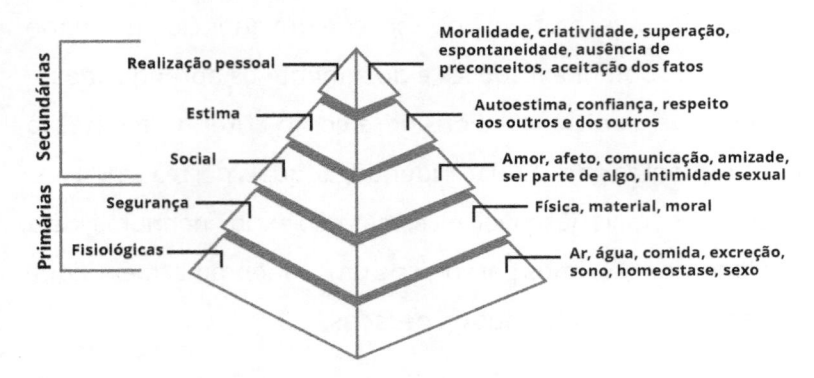

Secundárias:
- Realização pessoal — Moralidade, criatividade, superação, espontaneidade, ausência de preconceitos, aceitação dos fatos
- Estima — Autoestima, confiança, respeito aos outros e dos outros
- Social — Amor, afeto, comunicação, amizade, ser parte de algo, intimidade sexual

Primárias:
- Segurança — Física, material, moral
- Fisiológicas — Ar, água, comida, excreção, sono, homeostase, sexo

Fonte: Eugênio, 2016.

A pirâmide de Maslow também pode nortear o tipo de público com o qual a empresa vai se conectar. Se é uma organização que vai oferecer produtos ou serviços para prover segurança ou autoestima, habilidades sociais ou autorrealização. Essa análise também ajudará a compor a forma de se comunicar com o público-alvo, atraindo-o para o empreendimento.

Crie seu oceano azul

No mar das empresas já criadas, por vezes é difícil imaginar um "oceano azul" em que não haja concorrência ou serviços que logo serão copiados pela concorrência, certo? Os autores do livro *A estratégia do oceano azul*, Chan Kim e Renée Mauborgne (2018), no entanto, afirmam que isso ocorre porque nosso modelo mental já se fixou na estratégia militar de constantemente combater o inimigo para garantir um lugar no mercado, erguendo suas defesas.

Por sua vez, há empresas que decidiram praticar a inovação de valor, isto é, uma equação que envolve redução de custos e aumento de valor para os consumidores. Quem conseguiu fazer isso foi capaz de criar um novo espaço de mercado e romper com a concorrência. O exemplo clássico abordado é o do Cirque du Soleil, que se diferenciou ao romper com o tradicional espetáculo circense, abolindo animais e transformando cada apresentação em uma performance teatral.

Assim, para criar valor ao cliente, Kim e Mauborgne propõem um modelo com quatro ações, exposto na Figura 5.8, a seguir.

Figura 5.8 – Modelo das quatro ações

```
                    REDUZIR
          Quais atributos devem ser reduzidos
                        │
                        ▼
  ELIMINAR          NOVA            CRIAR
Quais atributos →  CURVA  ←    Quais atributos
 devem ser                       nunca devem ser
considerados                    oferecidos pelo setor
                        ▲
                        │
                     ELEVAR
          Quais atributos devem ser elevados
```

Fonte: Kim; Mauborgne, 2018, p. 55.

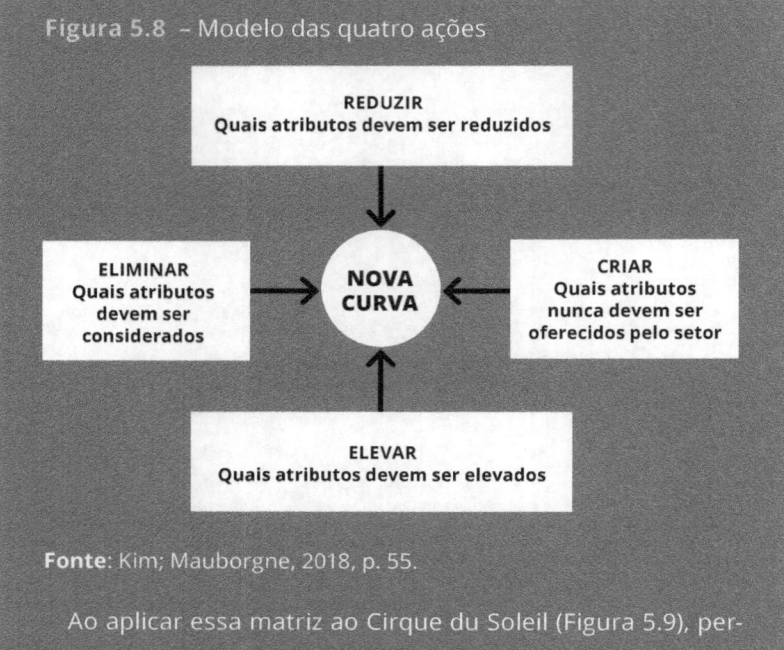

Ao aplicar essa matriz ao Cirque du Soleil (Figura 5.9), percebe-se um serviço totalmente descolado do tradicional circo, como comentam os autores: "Quando expressa na forma de uma curva de valor, uma estratégia do oceano azul eficaz como a do *yellow tail* apresenta três qualidades complementares: foco, singularidade e mensagem consistente" (Kim; Mauborgne, 2018, p. 17).

Figura 5.9 – Aplicação do modelo das quatro ações ao espetáculo Cirque du Soleil

ELIMINAR
Astros circenses
Espetáculos com animais
Descontos para grupos
Espetáculos em vários picadeiros

ELEVAR
Picadeiro único

REDUZIR
Diversão e humor
Vibração e perigo

CRIAR
Tema
Ambiente refinado
Várias produções
Músicas e danças artísticas

Fonte: Elaborado com base em Kim; Mauborgne, 2018.

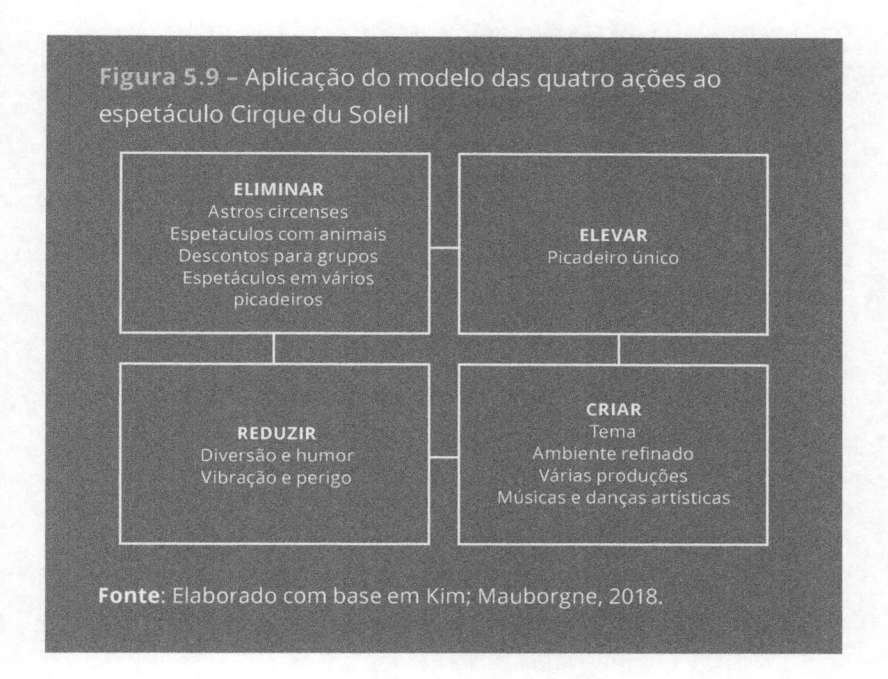

∴ Metodologia Modo Futuro

Como você percebeu, são vários os caminhos de análise possíveis para que possamos planejar e executar nossos projetos. Logo, a etapa de planejamento precisa ser obedecida à risca, porque, para quem não sabe aonde quer ir, qualquer caminho serve.

Nesse sentido, apresentamos uma metodologia integral, que busca olhar para si e para o mercado, traçar ações e seguir o caminho pensado com visão de longo prazo. É comum termos um propósito, mas cedermos a nossas crenças limitantes ou ao que os outros dizem (embora possa ser no sentido de nos alertar, muitas vezes acabamos nos desestimulando). Por isso, a metodologia que descrevemos tem o poder de nos manter no foco, de nos fazer olhar a longo prazo e seguir a trilha com ações consistentes que nos trarão resultados.

Essa metodologia se chama *Modo Futuro*[2] e foi criada por Vando Oliveira, *designer* de negócios: "Essa metodologia é baseada nas minhas experiências em várias áreas do conhecimento, como *design* de produto, desenvolvimento de negócios com parceiros, consultoria de negócio e *marketing* de rede" (Oliveira, 2018).

O Modo Futuro parte de alguns preceitos do *design thinking*, mas com contribuições de outras experimentações. Essa metodologia traz os seguintes valores para empreender (Figura 5.10): propósito, paixão e excelência.

Figura 5.10 – Valores do *design thinking*

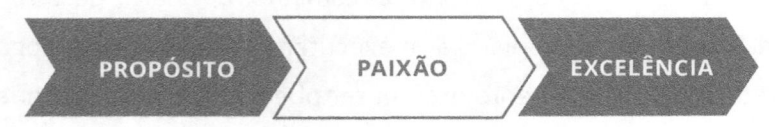

PROPÓSITO ▸ PAIXÃO ▸ EXCELÊNCIA

Fonte: Elaborado com base em Oliveira, 2018.

---

2 Acesse o *site* da metodologia Modo Futuro pelo seguinte endereço eletrônico: <http://www.modofuturo.com>. Acesso em: 10 jun. 2019.

Assim, esse ciclo garante negócios bem-sucedidos, porque cada indivíduo é melhor fazendo aquilo que realmente está na sua essência. Além disso, é muito importante entender de que ponto parte o inconformismo do empreendedor para que a ideia/o projeto/o negócio surja. Para que ocorra o processo de descoberta do negócio, o Modo Futuro propõe estratégias para alcançar os resultados com o projeto, descritos por Vando Oliveira (2018) da seguinte forma:

- **Propósito + visão de construção:**
  - Propósito – Trata-se do motivo para que as coisas aconteçam. Logo, é de extrema importância focar no propósito e mantê-lo vivo em tudo que fizer, sendo ele a proteção contra o fracasso do projeto.
  - Visão de construção – É fundamental para se ter uma sequência daquilo que se pretende executar, partindo de uma meta longa para ser desmembrada até o ponto de partida. Por exemplo: o que uma empresa está começando agora não é necessariamente para o presente, mas, sim, para daqui alguns anos, pois será somente depois desse período que a organização conseguirá alcançar o grande objetivo. Assim, a visão diz respeito a entender etapas e processos e a ter noção de que algumas coisas vão demorar mais do que imaginamos, pois cada atividade feita é um passo adiante para se alcançar o objetivo principal.

- **Mentalidade de grandeza + desenvolvimento de habilidades + modelagem de sucesso:**
  - Mentalidade de grandeza – Em maioria, empreendedores e líderes não pensam nas questões do negócio para os próximos dez anos, mas, sim, a curto prazo (um ou dois anos). Isso limita a mentalidade na hora de arquitetar uma ideia, e tal limitação leva o gestor a pensar pequeno, o que é custoso, pois a energia gasta é a mesma. Logo, projetar a visão a longo prazo e pensar grande fará criar mais etapas de desenvolvimento para que uma organização alcance algo realmente grande.
  - Desenvolvimento de habilidades – Habilidades técnicas da área – como ser um bom *designer*, jornalista, advogado, escritor ou arquiteto– estão dentro do quadro de habilidades fundamentais das profissões. Porém, para executar um projeto de valor, é necessário adquirir outras habilidades para as quais alguns não estão preparados, pois tais temas não são ensinados na faculdade, mas sim vividos na prática. Assim, é de extrema importância, para o novo empreendedor, entender que fracassos, falhas e erros são processos naturais para que resultados excepcionais aconteçam. Habilidades de lidar com pressão, buscar alternativas e saber administrar o que se tem em mãos podem fazer de um gestor um empreendedor de sucesso.

- **Modelagem de sucesso** – Entender por que a modelagem de sucesso é importante pode custar alguns anos ou décadas de crescimento. A modelagem parte de uma compreensão a respeito de como agem os maiores líderes (empreendedores) do mercado, mesmo que sejam de outras áreas, pois são pessoas realizadoras, que fazem as coisas acontecerem. Nesse sentido, é interessante saber como elas pensam, o que elas consomem, quem são as referências delas e de que forma atuam diante de determinada situação. Aos poucos, torna-se possível compreender a visão e a metodologia dessas personalidades, o que permitirá aplicá-las no próprio dia a dia. Assim, resultados semelhantes tenderão a aparecer, pois serão reproduções das percepções e habilidades desses grandes empreendedores. Faça isso com mais pessoas e em outras áreas de preferência, e isso lhe trará um *mix* de habilidades que certamente o potencializará.
- **Inconformismo + empatia + renúncia:**
  - Inconformismo – Todas as reais soluções que atualmente podemos encontrar em nosso dia a dia surgiram do inconformismo de alguém. Por exemplo, certa vez uma pessoa cansou de andar a cavalo e, por isso, criou uma carroça a vapor; logo depois, houve o surgimento do primeiro automóvel (Mercedes-Benz); da mesma forma, alguém, um dia, cansou de ficar no escuro ou à

luz de lamparinas e, assim, depois de muitas tentativas, a lâmpada incandescente foi criada. Esses são exemplos clássicos, mas nos dias de hoje grandes soluções estão surgindo de lugares muitas vezes improváveis, pois mais pessoas inconformadas estão tendo acesso a novos recursos e possibilidades. O segredo para fazer isso é parar de aceitar alguma condição ou situação e partir para as tentativas, que também chamamos *ação*.

- Empatia – Essa é a mais digna habilidade de se colocar no lugar do outro, tentar entender o pensamento e a visão de outra pessoa e ter a intenção de beneficiá-la, gerando valor e mudança real de vida.

- **Mentores +** *networking*:
  - Mentores – No Brasil, esse papel não é muito comum ou valorizado, mas ter um mentor fará você andar com consistência, acompanhado por alguém que já chegou aonde você quer chegar. Porém, não existem muitos mentores disponíveis. Assim, é importante estabelecer um *network*, pois isso lhe aproximará de profissionais bem-sucedidos na sua área de interesse.
  - *Networking* – Refere-se à habilidade de se conectar e gerar valor para as pessoas em círculos sociais pretendidos. Parece um clichê falar disso, mas o valor dessa prática precisa ser compreendido. Por isso, conecte-se com pessoas

do mesmo propósito, circule nos ambientes que essas pessoas frequentam, vá a eventos que reúnam esses indivíduos e tenha a intenção de gerar valor sem querer nada em troca. Desse modo, você será lembrado e inserido em universos profissionais que você sequer imagina.

5.3
Plano de negócios: por onde começar

Suponha que você está querendo fazer uma viagem. Você simplesmente vai ao aeroporto sem antes planejar? Provavelmente não. Para estar lá no aeroporto, você possivelmente precisará ter analisado qual é o objetivo da viagem (trabalho ou lazer), quais itens levar, se pretende comprar algo no destino e trazer de volta – o que demanda deixar espaço sobrando na mala – etc.

Um raciocínio semelhante a esse pode ser aplicado a um plano de negócios, que pode ser entendido como um documento descritivo do que é a empresa. Constitui-se, assim, em uma espécie de roteiro, um GPS que indica o caminho a seguir. Dessa forma, torna-se possível dar os primeiros contornos à organização e, de certa forma, materializar suas ideias. Você conhece aquela máxima de que não basta ter uma ideia, é preciso passá-la para o papel? É esse o intuito do plano de negócios. Ele reduz os riscos e aumenta a taxa de sucesso se, antes de dar os passos iniciais, o negócio for analisado como um todo.

Para isso, é necessário cumprir certas etapas. Segundo Schneider e Branco (2012), a elaboração de um plano de negócios envolve a realização de uma análise de mercado por meio de pesquisas qualitativas ou quantitativas, bem como dos aspectos organizacionais e de gestão no dia a dia, além de um plano de investimento para iniciar o negócio e a estrutura societária. Vamos abordar essas informações relevantes daqui em diante.

O plano de negócios serve como um norte para se buscar o crescimento e os resultados. Caso contrário, o negócio permanecerá como uma ideia. Assim, em nossa apresentação, partiremos de uma divisão didática do plano de negócios, mas você poderá adaptá-lo como achar mais conveniente. Um plano de negócios se divide em:

- Sumário executivo
- História da empresa ou do projeto
- Declaração de propósito
- Missão, visão e valores
- Produtos/serviços
- Público
- Concorrência
- *Marketing*
- Projeções financeiras
- Metodologia de análise estratégica

A seguir, detalharemos cada um desses itens para seu melhor entendimento. À medida que for entrando em contato com os conceitos apresentados, você poderá aplicá-los à sua ideia de empreendedorismo.

Sumário executivo

O sumário executivo é um índice, um resumo do seu plano de negócios para apresentar seu empreendimento a futuros investidores, sócios, parceiros ou fornecedores. Geralmente, tem uma página e é elaborado quando todo o plano já foi estruturado.

História da empresa ou do projeto

Quais são suas ideias iniciais, seus sonhos e sua visão de futuro? Uma empresa que se baseia apenas no resultado financeiro dificilmente tem perenidade, porque não tem em sua raiz um propósito, um porquê. Sob essa ótica, Sinek (2012) aponta que a maioria das empresas não tem noção dos motivos pelos quais seus consumidores são seus consumidores. Se for pelo custo, qualquer empresa servirá, concorda? Essa verdade traz insegurança e é efêmera. Por isso, responda à seguinte pergunta: Por que você compraria/contrataria o seu próprio serviço?

Vamos supor que você queira abrir uma empresa de assessoria de imprensa. Logo, por que você contrataria os seus serviços? Que inovações sua corporação traz? Que causas ela defende e quais são seus diferenciais na área?

Declaração de propósito

Qual é seu porquê, sua razão de existir, sua causa? Vivemos em um mundo em que as pessoas aderem a ideias, a propósitos e a significados fortes. Nesse sentido, para Reiman (2013, p. 53), é preciso refletir sobre qual é a nossa "*master idea*", isto é, sobre o poder de aglutinar empresas e colaboradores em torno de um propósito para transformar a sociedade. O foco no lucro e no resultado a qualquer custo ainda resiste no mundo corporativo, mas os consumidores mais jovens querem aderir a marcas que tenham um porquê. Evidentemente, as empresas visam ao lucro, mas, para as organizações construídas com propósitos, ele é consequência de um trabalho bem feito e executado.

Outro modo de elaborar a declaração de propósito é refletir sobre o conceito de *círculo de ouro*, criado por Simon Sinek (2012), definindo seu negócio em três etapas: por quê, como e o quê. A Apple, por exemplo, que tem definições para essas etapas, revolucionou inclusive o modo de se apresentar ao mercado, uma vez que não começou defendendo seu produto pelo argumento de venda ou de seus benefícios, mas sim pela própria razão de existir da empresa. Essa declaração é tão potente que não foi mudada desde a década de 1970, quando foi criada, conforme descreve Sinek (2012, p. 52-53):

- **Por quê:** "Nós acreditamos em desafiar o *status quo*. Acreditamos em pensar diferente".
- **Como:** "Fabricando excelentes consumidores".
- **O quê:** "Não vai comprar um?".

Além disso, o mundo quer novas narrativas, desde que sejam verdadeiras e coerentes com o negócio. Por isso, um propósito forte é capaz de se sustentar por gerações. A esse respeito, é importante refletir sobre as seguintes três perguntas elaboradas por Reiman (2013, p. 104):

- Para quem estou vendendo (mercado)?
- O que estou vendendo (produto ou serviço)?
- Por que estou vendendo (sua razão de existir)?

Assim, se você busca seu lugar ao sol, não comece elencando seus serviços em comunicação, mas, sim, o seu propósito. O que o mundo perderia se o seu negócio não existisse? Caso contrário, sua empresa já começará como um saco de cimento ou uma caixa de leite, produtos considerados *commodities*, ou seja, que não geram diferenciação e que o consumidor compra mais pelo preço do que pelo diferencial. Dessa forma, empresas com visão clara do propósito não gastam energia tendo sempre que correr atrás da concorrência. Elas sabem exatamente seu lugar, sua capacidade e seu legado.

A seguinte reflexão pode muito bem ser comparada com o atual estágio do setor de jornalismo: as companhias que construíam estradas de ferro eram as mais importantes nos Estados Unidos do final do século XIX. Elas estavam obcecadas em investir em mais trilhos e trens, mas viveram a derrocada com a criação do avião. Se tivessem pensado no propósito, definindo-se como empresas do segmento de transporte de massas, poderiam ter vislumbrado oportunidades que deixaram escapar. Assim, reflita bem sobre seu negócio e expanda sua mente para que o seu porquê seja tão poderoso que se perpetue no mercado.

Missão, visão e valores

Você concorda que em muitas organizações a missão, a visão e os valores representam meramente quadros emoldurados nas paredes? A essência de tais conceitos não está introjetada nos colaboradores nem no processo das empresas.

É por isso que a definição desses três eixos é tão importante para nortear como a empresa se vê e quer ser percebida pelo mercado. Na missão, é necessário definir qual é a razão de existir da organização. Já na visão está o sonho, algo quase impossível de ser alcançado. Os valores, por sua vez, referem-se aos bens vividos diariamente, com uma força capaz de mover toda organização.

Em uma analogia com o círculo de ouro, apresentado no item anterior, a missão representa o "por quê", ao passo que o "como" diz respeito aos valores ou princípios que norteiam a empresa de forma impositiva, por meio de verbos, e não de substantivos – pode parecer um mero detalhe, mas substantivos não criam ações, atitudes.

Sob essa ótica, Sinek (2012, p. 79) afirma: "Não é 'integridade', é 'sempre fazer a coisa certa' [...]. Dizer às pessoas para terem integridade não garante que suas decisões sempre terão em mente o melhor interesse dos clientes ou consumidores. Dizer a elas para sempre fazerem a coisa certa garante".

Essa maneira de refletir sobre o negócio oferece um jeito simples de se comunicar com o mercado e o cliente. Mas, para isso, é preciso sempre ser coerente. Assim, a declaração de propósito deve estar em sintonia com a forma de agir. Caso contrário, não se sustentará.

Produtos/serviços

Após a definição de todos os aspectos apontados até agora, é possível que você já saiba em qual ramo pretende atuar, certo? Para ajudar nesse processo, pergunte a si mesmo qual é seu maior talento até agora! O que você gosta de fazer? Provavelmente, tais respostas já materializarão seus serviços ou produtos. Mas, obviamente, essa escolha é flexível, como demonstram inúmeras empresas que se adaptaram aos rumos do mercado. O importante é ter a percepção para notar esses pequenos sinais e mudar sem nenhum pudor, desde que haja segurança na próxima etapa da jornada.

Na esteira desse raciocínio, podemos citar a empresa BRIO, que iniciou como um *site* de reportagem no estilo *longform* (matérias jornalísticas mais investigativas e aprofundadas), mas teve de se adaptar ao ver que o caminho tomado foi um equívoco na jornada. Essa clareza possibilitou ao fundador desenvolver produtos específicos para cada fase profissional dos colegas, desde recém-formados, até colaboradores com muita experiência ou que buscam empreender.

Para saber mais

BRIO. Disponível em: <https://briohunter.org>. Acesso em: 17 out. 2019.

JOTA. Disponível em: <https://www.jota.info>. Acesso em: 17 out. 2019.

LUPA. Disponível em: <https://piaui.folha.uol.com.br/lupa>. Acesso em: 17 out. 2019.

LIVRE JOR. Disponível em: <http://livre.jor.br>. Acesso em: 17 out. 2019.

MEUS SERTÕES. Disponível em: <http://www.meussertoes.com.br>. Acesso em: 20 set. 2019.

Conheça, acessando os *sites* indicados, iniciativas de jornalistas que estão empreendendo em diversos segmentos por meio de diferentes formatos de jornalismo empreendedor.

....

Público

Quando mencionamos público, nos referimos ao alvo que se pretende atingir, ou seja, o cliente que será foco do trabalho de uma empresa. Esse público também pode ser ampliado para incluir os *stakeholders*, pessoas físicas ou jurídicas que não apenas interferem diretamente, mas também influenciam a organização. Em *marketing* digital, habituou-se nominar esse público de *persona*. Tal definição, para além dos dados demográficos e financeiros, envolve também fatores psicológicos, como estilo de vida, comportamentos e interesses.

No caso da empresa de mentoria Brio, foi definido que se trabalharia especificamente com jornalistas, seu público-alvo. Atualmente, a empresa tem em sua base 530 jornalistas, com a intenção de atingir a meta de 10 mil profissionais até 2022. Você também tem essa visão a curto, médio e longo prazos? Como empreendedor, vá se acostumando a estruturar sua empresa para daqui cinco e dez anos. Isso cria sustentabilidade e, ao mesmo tempo, atitude criadora. Quem sabe aonde quer chegar tem mais resistência diante dos obstáculos.

Para a definição do público-alvo, as perguntas a seguir poderão ser de grande auxílio:

- Qual é a faixa etária do seu público e qual é o gênero predominante?
- Onde residem e quanto ganham?
- Quais são o nível de escolaridade e o estilo de vida?
- Qual é a posição de hierarquia nas empresas em que trabalham?
- Quais são os problemas desse público que seu negócio poderá ajudar a resolver?
- Que tipo de experiência seu público procura ao contratar seu serviço?

Com as informações dispostas na Figura 5.11, a seguir, denominada *mapa da empatia*, você poderá gerar mais subsídios sobre sua *persona*, ir além dos dados demográficos e dar maior consistência a seu serviço, entendendo melhor o que o cliente busca e criando com ele um diálogo mais apropriado.

Figura 5.11 – Mapa da empatia

O que ela sente e pensa?
o que realmente importa
maiores preocupações
medos e aspirações

O que ela escuta?
o que os amigos dizem
o que o chefe diz
o que dizem os influenciadores

O que ela vê?
ambiente
amigos
o que o mercado oferece

O que ela diz e faz?
atitude em público
aparência
comportamento em relação aos outros

Dor
medos
frustrações
obstáculos

Ganhos
desejos /necessidades
medidas de sucesso
obstáculos

Fonte: Osterwalder; Pigneur, 2011, p. 130.

Concorrência

No negócio da comunicação, precisamos analisar a concorrência e questionar se nossa empresa poderá competir com as outras que já estão no ramo há mais tempo. Além disso, também é necessário refletirmos sobre o que fará com que as pessoas deixem de recorrer ao concorrente para adquirir nossos serviços. Se você está certo sobre o diferencial do seu serviço, elenque os motivos que podem contribuir para que isso aconteça. Caso contrário, você acabará atuando em um mercado saturado. Assim, enumere as mudanças necessárias para concorrer em pé de igualdade com outras empresas.

Os concorrentes diretos são aqueles que competem ofertando os mesmos serviços que você e sua empresa oferecem, ou seja, eles disputam uma fatia do mesmo mercado. Vamos supor que você queira abrir uma empresa que preste serviços em assessoria de imprensa, por exemplo. Analisar a concorrência, nesse caso, é buscar informações sobre as outras agências que prestam esse serviço. Para isso, há diversas ferramentas, a começar pelas próprias buscas na internet e em sindicatos e associações da categoria.

Também existe a concorrência indireta, que, seguindo o mesmo exemplo, envolve agências de publicidade, jornalistas de veículos que trabalham como autônomos, relações públicas que atuam na área, *digital influencers* que decidem oferecer o mesmo tipo de serviço, entre outros.

Além disso, os concorrentes indiretos também podem ser representados, por exemplo, por estudantes de *marketing* que buscam especialização e partem para a área de assessoria de imprensa, bem como podem estar na desregulamentação do mercado que amplia a atuação entre mais profissionais e até em robôs capazes de escrever até 30 mil notícias por mês, como o Reporters and Data and Robots (Radar), criado pelo Google, ou o programa francês Syllabs, que já é utilizado pelo jornal francês *Le Monde*.

Para realizar seu estudo sobre a concorrência, escolha de três a cinco empresas e elabore um quadro dos pontos fortes e fracos delas, considerando os seguintes aspectos:

- qualidade dos materiais em *site*, redes sociais, *folders*, entre outros;
- preço cobrado;
- localização;
- atendimento prestado;
- serviços oferecidos.

Marketing

Partindo-se do pressuposto de que a estratégia é o caminho percorrido pela empresa para atingir seus objetivos, quais são as escolhas de *marketing* para você situar sua empresa como uma organização com valores diferenciados de mercado? A meta do *marketing*, por sua vez, é entender quem é seu consumidor (ou sua *persona* em *marketing* digital), de forma que você possa atendê-la com seus serviços e o produto se venda por si só. Diante da competitividade no cenário atual, não é tão fácil que um serviço seja absorvido pelo mercado de forma espontânea. De toda forma, algumas estratégias de *marketing* podem ser aplicadas em uma empresa, as quais envolvem posicionamento e diferenciação.

As etapas a seguir podem ser definidas como 4Ps do *marketing* ou também *mix* de *marketing*. São quatro elementos que integram toda a estratégia de *marketing*, a saber: preço, praça, produto e promoção.

1. **Preço** – Definição da formação do custo por hora/consultoria ou por tipos de demanda.
2. **Praça** – Localização do negócio em relação ao público: se você irá montar uma loja ou, no caso de prestação de serviços, se esta será realizada em estrutura do tipo *home office*, *coworking*, escritório alugado ou em outro local.
3. **Produto** – Vai muito além da descrição dos principais produtos e serviços, mas envolve os benefícios ou a experiência que o cliente terá em relação à concorrência.
4. **Promoção** – Refere-se não só às estratégias para divulgar a empresa mas também à personalidade da marca, à linguagem, além dos canais de comunicação que mais fazem sentido ao negócio.

Projeções financeiras

Nas projeções financeiras, entram as seguintes estimativas de custos para abrir a empresa:

- Investimentos fixos – Computadores, móveis, materiais de escritório, veículos etc.

- Investimentos pré-operacionais – Despesas com legalização da abertura da empresa, obras ou reformas, divulgação, cursos e treinamentos, entre outras.
- Estimativa de faturamento mensal da empresa – Enumere o serviço, a quantidade estimada de vendas, o preço de venda unitário (R$) e o faturamento total (R$).
- Definição de meta – Deve se traduzir em ações para atingir os objetivos. A meta deve ser descrita da forma mais específica possível, tendo formas de medição e acompanhamento. Para isso, é interessante adotar a técnica SMART[3].

Metodologia de análise estratégica

A metodologia de análise estratégica corresponde ao momento em que, após serem reunidas as informações anteriormente coletadas, será preciso inseri-las na matriz SWOT, no Canvas ou em outra metodologia com a qual tenha maior afinidade. As noções básicas de cada uma delas foram detalhadas anteriormente neste capítulo.

Para demonstrar como ocorre o processo empreendedor, Dornelas (2008) elaborou o esquema apresentado no Quadro 5.2.

---

3 A técnica SMART é uma ferramenta criada por Peter Drucker para o estabelecimento de metas e objetivos. O acrônimo *smart* é formado pelas iniciais de *Specific, Measurable, Attainable, Realistic* e *Time-Bound*, e significa que a meta precisa ser específica, mensurável, alcançável, relevante e temporal.

Quadro 5.2 – Forma sequencial de analisar o processo empreendedor

IDENTIFICAR E AVALIAR A OPORTUNIDADE	DESENVOLVER O PLANO DE NEGÓCIOS	DETERMINAR E CAPTAR OS RECURSOS NECESSÁRIOS	GERENCIAR O NEGÓCIO
• Criação de abrangência da oportunidade • Valores percebidos e reais da oportunidade • Riscos e retornos da oportunidade • Oportunidade versus habilidade e metas pessoais/corporativas • Situação dos competidores	• Sumário executivo • Conceito do negócio • Equipe de gestão • Mercado e competidores • Marketing e vendas • Estrutura e operação • Análise estratégica • Plano financeiro	• Recurso da área • Recursos extras • Recursos específicos • Recursos externos	• Estilo de gestão • Fatores críticos de sucesso • Identificar problemas atuais e potenciais • Implementar um sistema de controle • Entrar em novos mercados • Avaliação de resultados

Fonte: Dornelas, 2008, p. 33.

Para se tornar um empreendedor, há atitudes que devem ser intrínsecas ao profissional que pretende empreender, mas, sobretudo, é necessário estudar o ambiente externo utilizando-se das várias ferramentas e metodologias. Todas somam-se à busca de um produto ou serviço que será oferecido ao mercado e, em especial, ao atendimento de uma necessidade latente do público-alvo. É disso que é feito um negócio: vendemos algo que interesse a alguém, sempre obedecendo a um propósito maior. Afinal, pessoas "compram" a razão pela qual vendemos algo, isto é, a nossa causa. Encontrando isso, os clientes também serão atraídos por esse propósito em comum.

Pitch: pense como investidor e apresente seu negócio em cinco minutos

Por força da profissão, jornalistas são dotados do poder de síntese. E isso dá a eles vantagem quando é necessário realizar uma apresentação enxuta para um investidor em potencial. O *pitch* é basicamente a apresentação do seu negócio a um grupo de investidores interessados em aplicar recursos na sua ideia. O consultor Marcos Schlemm (2018) aponta que o *pitch* força o empreendedor a expressar em poucas palavras o que é o cerne do negócio, sendo que a ajuda visual do Canvas também pode ser usada nesse momento. Assim, se no seu negócio surgir essa oportunidade diante de um potencial investidor, prepare-se para fazer uma apresentação de três a cinco minutos.

O *pitch* começou a ser utilizado pelas *startups* para demonstrar aos investidores por que a ideia delas poderia ser viável financeiramente e escalável, ou seja, o quão longe tais empreendimentos poderiam ir. O *pitch* geralmente é apresentado verbalmente e ilustrado por *slides* (geralmente em quantidade pequena, de três a cinco *slides*), devendo, de acordo com Spina (2018), reunir informações como:

- **Oportunidade** – Qual é o problema encontrado no mercado que você está tentando resolver.
- **Mercado** – Quem são os beneficiários da sua solução.
- **Solução** – Como você pretende resolver o problema (utilize imagens e telas para exemplificar; caso utilize vídeo, lembre que seu tempo é curto).
- **Diferenciais** – Qual é a sua vantagem competitiva: pioneirismo, produto, tecnologia, patentes, estratégia comercial, praça, preço, parceria, logística etc.
- **Proposta** – Você pretende captar investimento? Quanto? Como fará para ganhar dinheiro (apresente de uma a três fontes de receita). Qual é a etapa em que o projeto está atualmente?

Essas informações não constituem uma fórmula, mas, sim, como um roteiro que pode guiar o seu *pitch*. Além da parte técnica, que se refere à apresentação das informações em si, outro fator de convencimento é a atitude, ou seja, a capacidade de comunicação em um ambiente competitivo, abrangendo também o poder de concisão e a objetividade.

Exemplo disso é o caso da Airbnb, fundada em 2008 e considerada a maior rede de hospedagem do mundo sem ser dona de um quarto de hotel. Por sete vezes os fundadores Nathan

Blecharczyk, Brian Chesky e Joe Gebbia foram recusados por investidores, até encontrarem Reid Hoffman, cofundador do LinkedIn e parceiro na companhia de capital de risco Greylock Partners. Em novembro de 2010, a empresa anunciou sua série A de investimentos: US$ 7,2 milhões. Um dos elementos de que Hoffman mais gostou nos parceiros de empreendimento foi a energia demonstrada pelos fundadores da Airbnb. Dois meses depois do investimento, a rede de hospedagem já havia atingido um milhão de noites reservadas. Atualmente, a empresa tem valor de mercado na ordem de US$ 31 bilhões (Solomon, 2017)[4].

5.4
Gestão do negócio no dia a dia

Superadas as etapas de planejamento e inserção no mercado, o que vem na sequência? Como acontece a gestão no dia a dia, que, diferentemente da teoria, é posta à prova na prática? É preciso contratar equipe, fazer gerenciamento do tempo, treinar a busca ativa de clientes e saber vender, além de colocar preço no serviço conforme sua estratégia inicial. A seguir, discutiremos se o que foi elaborado nas etapas de planejamento do negócio é validado na rotina.

- - - - -

4   O *pitch* da Airbnb pode lhe servir de inspiração para a elaboração do seu. Acesse-o pelo seguinte endereço eletrônico: <https://pt.slideshare.net/PitchDeckCoach/airbnb-first-pitch-deck-editable>. Acesso em: 18 out. 2019.

∴ Gestão de pessoas: a importância de investir no patrimônio humano e valorizá-lo

Por lidarmos com comunicação, nem precisamos mencionar que a importância de investir no patrimônio humano e valorizá-lo é condição *sine qua non* para que possamos contar com profissionais engajados no desejo de crescer. A mentalidade "eu ganho e os outros são meus subordinados" está defasada e não faz mais sentido para as gerações que buscam projetos – e não mais empregos –, isto é, que procuram um propósito muito mais do que um salário no fim do mês.

Por isso, é preciso refletir sobre o modelo de gestão a ser adotado para os colaboradores – e até mesmo no caso de sua empresa ter apenas você como empregado. Sob essa ótica, você já ouviu falar nos *early adopters* ou inovadores do *marketing*? Eles também existem em outras áreas e estão buscando no mercado projetos para crescer junto com empresas, mesmo que estas sejam constituídas apenas por dois colaboradores, por exemplo.

Daqui para frente, mais do que nunca, as pessoas serão contratadas pelas suas características comportamentais relacionadas à inteligência emocional e à resiliência; logo, os aspectos técnicos para o desafio ficarão em segundo plano. Quem nunca ouviu a máxima de que as pessoas são contratadas pelos seus atributos técnicos e demitidas pelos seus comportamentos? É isso que muitos líderes estão colocando em prática.

Exemplo disso é o relato do executivo Peter Holgate, em um artigo em que admite ter construído uma cultura de inteligência emocional superior a ele próprio (Holgate, 2017). Defensor da economia circular e CEO da Ronin8 Technologies, Peter admite ser uma pessoa com baixa inteligência emocional, porque nunca será um líder paciente, empático e compreensivo, mas tem inteligência suficiente para não ser autoritário. Por isso, ele tem o cuidado de se cercar de pessoas que intitulou como "sábios emocionais", profissionais que sabem lidar com pessoas de maneira melhor do que ele.

> O nosso embaixador da marca global, Bob Molle, é um ex-capitão olímpico e profissional de futebol – e um gênio natural em ler as pessoas, não apenas em nível individual, mas também como elas se encaixam na equipe. Ele fornece a intuição social e inteligência emocional que me faltam, e ele também me permite aproveitar melhor as habilidades emocionais que tenho. (Holgate, 2017, tradução nossa)

Além disso, o formato organizacional no século XXI também vem passando por mudanças. Dessa forma, as várias caixas sobrepostas de hierarquia cedem lugar a um modo orgânico de se autorregular, com a existência de lideranças situacionais, por meio das quais cada um sabe seu papel e não precisa de um supervisor com a tarefa "estratégica" de ficar cobrando pelas tarefas. A gestão convencional dá espaço à curadoria e ao uso de ferramentas úteis como *coaching* e *mentoring* para orientar os colaboradores à evolução constante, e não à coerção.

No livro *Reinventando as organizações*, Frederic Laloux (2017) comenta que a próxima evolução na gestão das pessoas se referirá à transição para empresas rotuladas como autênticas e integrais, paradigma denominado *evolutivo-teal*, já abordado no Capítulo 1 desta obra. Nesse estágio da consciência humana, as pessoas serão atraídas para explorar o chamado de suas vidas e ficarão mais inclinadas a buscar organizações que tenham um propósito claro e nobre: "Podemos esperar que propósito, mais do que lucro, crescimento ou participação de mercado, será a diretriz da tomada de decisão organizacional" (Laloux, 2017, p. 51).

Outra mudança observada nas organizações do século XXI e no futuro diz respeito à metáfora utilizada para aglutinar os profissionais. Assim, em vez de tratar as empresas como famílias, que sempre escondem sujeitos disfuncionais e perpetuam a relação pai–filhos/chefe–subordinado, no paradigma evolutivo-teal as empresas serão consideradas organismos ou sistemas vivos, similares à vida natural, conforme expõe o autor: "Na natureza, as mudanças acontecem por todo lugar e a todo tempo, em impulsos auto-organizados vindos de cada célula e organismo, sem a necessidade de um comando central e de um controle para dar ordens ou puxar as alavancas" (Laloux, 2017, p. 56).

Ao promover essa autonomia orgânica aos profissionais, um modo de organização mais significativo se sobressai, dando origem a colaboradores que sabem por que escolheram se unir a determinada empresa, não mais por uma remuneração, mas por autorrealização. A esse respeito, Laloux (2017) descreve três avanços nas organizações que já vêm adotando esse método:

1. **Autogestão** – Sistema fundamentado em relações entre pares, sem a necessidade de hierarquia ou consenso.
2. **Integralidade** – Cai por terra o mito de separação entre o "eu pessoal" e o "eu profissional". Assim, ocorre o desenvolvimento de um conjunto de práticas que nos convidam a recuperar nossa integralidade interior e trazer tudo o que somos para o ambiente de trabalho, tais como emoções, intuição e espiritualidade (elementos antes considerados indesejáveis).
3. **Propósito evolutivo** – Organizações identificadas por vida e senso de direção próprios.

Para saber mais

O'DONNELL, K. **Valores humanos no trabalho**: da parede para a prática. São Paulo: Gente, 2006.

Esse livro de Kenneth O'Donnell lista uma série de habilidades comportamentais atreladas a determinados valores necessários para uma equipe, conforme ilustra o Quadro 5.3, a seguir. De acordo com o autor, 43% das organizações apresentam sérios problemas para obter alta performance de seu time (O'Donnell, 2006). Por isso, fique atento ao que você valoriza em uma equipe para fazer a escolha mais acertada possível.

Quadro 5.3 – Habilidades e valores de uma equipe

Habilidades	Valores necessários
Condução de diálogos e reuniões	Abertura, humildade
Aprendizagem contínua	Abertura, vontade
Foco no cliente e qualidade	Perspicácia, concentração, respeito, educação
Prática da ética	Honestidade
Gestão de projetos	Organização, clareza
Negociação	Tato, determinação
Pensamento criativo	Ousadia, criatividade
Pensamento crítico	Objetividade, proatividade
Resolução de conflitos	Compreensão, cooperação
Trabalho em rede	Diálogo, perspicácia

Fonte: O'Donnell, 2006, p. 29-30.

Por isso, não é à toa que fomentar um ambiente com elevada inteligência emocional proporciona um diferencial para a própria organização. Embora se constate um elevado *turnover* entre as organizações, o que predomina é a mescla de talentos envolvendo profissionais que atingem vários anos de empresa e outros recém-contratados. Isso depende de desempenho pessoal, entrega, interesse, dedicação e interação. Lidar com pessoas é sempre desafiador, mas o melhor caminho é sempre agir com transparência e sinceridade. Esse esforço vem ao encontro da iniciativa do Great Place to Work Institute[5], que identificou alguns valores para a saúde das empresas (inclusive financeira) e que fazem parte do julgamento para definir as melhores empresas para trabalhar. De acordo com Tomei e Lanz (2015), estes são valores que devem estar presentes nas organizações:

- **Credibilidade** – Percepção dos colaboradores sobre as habilidades dos gestores em relação à comunicação, competência e integralidade, ou seja, se o discurso corresponde à prática.
- **Equidade** – Imparcialidade percebida pelos colaboradores no ambiente de trabalho, ou seja, a meritocracia.

---

5   O Great Place to Work (GPTW) é uma instituição que reconhece boas práticas no ambiente corporativo.

- **Respeito** – Percepção do apoio dos gestores em relação aos colaboradores.
- **Orgulho** – Sentimentos em relação ao trabalho que realizam e à própria organização.
- **Companheirismo** – Percepção sobre ajuda mútua entre colegas no ambiente corporativo.

De acordo com uma pesquisa conduzida pela Great Place to Work (GPTW), as empresas que se dedicam à valorização do capital humano têm maior lucratividade, uma vez que o *turnover* gira em torno de 7% nas empresas que integram o *ranking*, enquanto o Departamento Internacional de Estatística e Estudos Socioeconômicos (Dieese) calcula haver uma rotatividade da ordem de 24% no Brasil (Arins, 2019).

∴ Gestão do tempo

Para dar conta de todas as atividades que envolvem o empreendimento, a princípio você será uma espécie de faz-tudo, responsável por gestão, atividades, cobrança e apoio ao cliente. Por isso, antes mesmo de administrar a empresa, cuide da saúde, porque quem depende da sua própria produção não tem como se afastar do trabalho por tempo indeterminado, geralmente não tem 30 dias corridos de férias nem 13º salário.

Logo, a gestão do tempo é crucial para cumprir as tarefas de um dia, uma semana ou um mês, especialmente se você trabalha em *home office*. Nesse caso, defina um lugar da casa para trabalhar e, de preferência, que seja de uso exclusivo para esse fim. Tenha tudo organizado para não desperdiçar tempo procurando os itens mais utilizados no dia a dia. Nessa organização, priorize também um horário para trabalhar. Ao mesmo tempo em que é sonho de consumo das pessoas trabalhar em esquema de *home office*, a disciplina para atuar em casa é essencial, porque muitas vezes a procrastinação pode ser um gatilho para a autossabotagem. Portanto, todo cuidado é pouco.

Definindo um expediente, é hora de se programar. Busque organizar sua semana com uma planilha do tipo 5W2H, incluindo até reuniões externas, eventos, palestras e demais compromissos. A matriz Eisenhower pode ajudá-lo a separar as atividades prioritárias, que fazem parte do planejamento, daquelas que surgem de forma intercorrente.

Figura 5.12 – Matriz Eisenhower: produtividade e gestão do tempo

	Urgente	Não urgente
Importante	Crises e incêndios	Estratégias e ações planejadas
Não importante	Interrupções	Perda de tempo

Fonte: Covey, 1989, p. 151.

Algumas reflexões também ajudam a identificar as prioridades do seu dia e melhorar a produtividade:

- **Identifique as ações necessárias para a realização do objetivo:**
    - Que ações serão necessárias para transformar seu objetivo em realidade?
    - O que só você pode fazer e que, se for bem feito, fará uma grande diferença na realização de seu objetivo?
- **Avalie as atividades diárias:**
    - Como você descreveria sua agenda diária?
- **Analise e avalie as consequências de cada ação e seus respectivos impactos:**
    - Alto impacto – Ações de grande importância, com consequências altamente positivas. Isto é: Quais são suas atividades diárias que lhe trazem grandes resultados para sua vida como um todo?
    - Médio impacto – Ações de importância que, se não realizadas, resultam em sérias consequências: Quais tarefas são importantes, mas têm pouca influência imediata para a realização de seu objetivo?
    - Baixo impacto – Ações que, embora sejam positivas, geram pouca consequência: Quais tarefas não têm importância, não são urgentes e trazem poucas consequências imediatas para a realização de seu sonho?

- Delegáveis – Atividades importantes, mas que outra pessoa tem competência para desenvolver.
- Elimináveis – Onde você acha que desperdiça seu tempo? O que você faz, mas não tem impacto em sua vida?

∴ Prospecção de clientes e vendas

"Não sei vender nada": esse geralmente é o argumento de quem diz não ter vocação para prospectar clientes e oferecer seu serviço. A prospecção merece planejamento e, em especial, disciplina. É comum, no papel de gestor faz-tudo, conquistarmos os primeiros clientes e abandonar a prospecção, uma vez que a parte operacional dos clientes conquistados passa a exigir mais tempo.

Por não ser um serviço de prateleira, mas uma venda consultiva, o ideal é preparar a semana para dedicar ao menos parte de um dia para a prospecção. Essa ação deve ser cumprida sistematicamente de modo que se torno um hábito e, assim, seja incorporada aos afazeres do gestor.

Apresentamos a seguir algumas estratégias para buscar clientela:

- Pesquise o mercado e reative seus antigos contatos com empresas com as quais já manteve algum tipo de trabalho, parcerias ou algum *networking*.

- Busque parcerias com empresas complementares, como assessorias de imprensa de outros estados e que possam precisar de apoio local, ou outros colegas seus para que, juntos, possam prospectar clientes de maior porte.
- Informe a todos os seus conhecidos sobre sua empresa, deixe a inibição de lado e peça indicações a quem conhece seu trabalho e possa validá-lo.
- Faça parte de entidades empresariais, como associações, federações e grupos de empreendedorismo que fomentem atividades de *networking* para que você seja visto, lembrado e, de preferência, contratado.
- Utilize as redes sociais a seu favor, especialmente aquelas direcionadas ao mundo corporativo. Por elas, é possível identificar quem são os contratantes e lhes oferecer seu serviço.
- Realize palestras para que o seu nome seja lembrado. Em muitas dessas ocasiões, um detalhe da sua fala pode chamar a atenção de um potencial *prospect*.
- Participe de eventos, seminários e feiras, sempre com todo o seu arsenal em dia, como cartão de visitas, *folder*, *site* publicado, redes sociais atualizadas e agenda à mão para marcar uma eventual reunião.
- Defina metas para prospectar. Se, por exemplo, você quer conquistar cinco clientes no mês, imponha como meta entrar em contato com pelo menos quatro *prospects* a cada semana. Não basta realizar o contato, é preciso fazer o *follow*, ou seja,

o acompanhamento. Para tal, há ferramentas de CRM (*customer relationship management*), mas de início uma planilha no Excel pode dar conta disso (Trello e Evernote também).

- Fique atento porque vão surgir diversas solicitações para você fazer o trabalho de forma voluntária. É possível e louvável se dedicar a um cliente *pro bono*, mas é preciso impor um limite, porque muitas pessoas ainda acreditam que fazer comunicação é tarefa simples e apenas operacional. Portanto, seu "jogo de cintura" será imprescindível para lhe fazer contornar situações que, certamente, surgirão no seu caminho
- Prepare seu "discurso de elevador" ou *pitch* para oferecer de forma objetiva o seu serviço quando o tempo for curto, pois você não poderá deixar escapar a oportunidade diante de um potencial *prospect*.
- Em uma reunião de prospecção, ouça mais do que fale. Primeiramente, procure saber qual é a necessidade do cliente, quais são as "dores" dele. E, então, só depois disso, apresente os serviços que pode oferecer à empresa e elenque os benefícios de contratá-la.
- Depois de um tempo – que pode ser seis meses a um ano de empresa –, avalie o número de clientes, quais deles são lucrativos e quais lhe dão prejuízo. Busque sempre fazer esse balanço para manter os clientes interessantes e dispensar (por que não?) aqueles que não sejam mais úteis à sua empresa.

Como podemos observar, empreendedor é aquele que entende da gestão do negócio em si, compreende as pessoas e faz um bom gerenciamento do próprio tempo; aquele que faz prospecção de clientes e busca formas de otimizar sua equipe e motivá-la. Ser empreendedor não é um esporte de fim de semana, pois envolve aplicação diária e espírito de liderança, aprendizado e aperfeiçoamento constante.

∴ Precificação

Talvez um dos temas mais desafiadores para um jornalista empreendedor seja a formação de preço. Isso vai depender do tipo de empresa que você vai abrir. Se for um portal ou veículo de comunicação, o *media kit* poderá ser um bom apoio de vendas, com tabelas por publicidade nativa ou *branded content*. No entanto, não há uma fórmula acabada para essa finalidade.

Se o seu negócio for de prestação de serviços, o raciocínio deverá pressupor a seguinte pergunta: Que preço cobrar pelo serviço? Os sindicatos de jornalistas dos estados geralmente só regulam o serviço dos jornalistas dentro das redações. Já as tabelas de sugestão de preços de serviços editoriais e de assessoria nem sempre conseguem ser cumpridas. Isso porque existem empresas de diversos portes que pode ser considerados clientes potenciais e, nem sempre, a tabela sindical fica adequada para esses casos. Além disso, conforme o escopo do trabalho, o valor poderá variar bastante.

A dificuldade de cobrar por tabelas dos sindicatos também é reforçada por Rainho (2008), já que os critérios das entidades estão defasados e não acompanharam a evolução do mercado: "Releases curtos, de poucas linhas e parágrafos, podem ter exigido horas e dias de pesquisas e aprovações. Não é possível ter o mesmo critério do preço de lauda" (Rainho, 2008, p. 118). Isso porque o assessor executa outras funções intelectuais que tornam inviável a cobrança por lauda:

> Alguns consultores tentam cobrar alto de empresas ou organizações grandes e menos de empresas iniciantes, de pequeno porte ou menos desenvolvidas. Sua principal prioridade é administrar um negócio lucrativo, e uma das principais contribuições para seus lucros será cobrar por seu tempo limitado de forma justa de todos os clientes, pequenos ou grandes, considerando seu trabalho e seus honorários. (Bond, 1999, p. 105)

No entanto, dependendo do custo de sua estrutura, como despesas com escritório, profissionais qualificados e com formação, além de tributos mais elevados de acordo com o tipo de empresa, é preciso muitas vezes aceitar clientes acima de um determinado patamar. É possível que uma empresa iniciante não seja o foco dessa organização por conta de uma decisão estratégica e de uma diretriz de crescimento entre empresas de maior porte. Isso tudo vai depender do posicionamento assumido no mercado. O importante, no entanto, é permanecer consistente com seus preços sem fazer deles um "leilão" com base nos de empresas concorrentes. É você quem sabe o seu valor, quanto irá cobrar e para qual tipo de organização trabalhará.

Uma das alternativas para quem presta serviços é cobrar por hora técnica na relação custo–tempo. Assim, diante de um eventual cliente, o cálculo deve ser feito com base no tempo semanal dispensado para desenvolver o trabalho. O consultor Fábio Erthal, especialista na formatação de negócios, explica que o valor da hora técnica geralmente é calculado de acordo com o mercado. Quanto mais experiência profissional, maior o valor:

> Uma empresa de consultoria grande e bem estruturada cobra em média de R$ 300,00 a R$ 400,00 por hora, ou simplesmente já define um valor fixo para o trabalho a ser realizado. Já o valor do trabalho de um profissional experiente, mas com estrutura de *home office*, por exemplo, gira entre R$ 100,00 e R$ 150,00 por hora. (Erthal, 2018)

Para calcular o valor de um trabalho a ser realizado, é recomendado fatiar o trabalho em etapas, calculando o tempo dedicado a cada uma delas. Vamos supor que sua hora técnica seja de R$ 75,00. Em contato com seu potencial cliente, você descobriu que o trabalho vai demandar 10 horas por semana. Para fazer o cálculo do valor a ser cobrado, use este raciocínio: 10 (horas semanais) × 4 (semanas) × 75 (valor da hora técnica) = R$ 3.000,00.

Além do valor da sua mão de obra, devem ser cobrados os tributos por emissão de nota fiscal, cuja alíquota vai depender da natureza jurídica do empreendimento, além dos custos operacionais que variam conforme cada organização.

Após definir a precificação e obter os primeiros clientes, você também deverá administrar as seguintes situações:

- Agendar datas de pagamento de contas e impostos.
- Agendar datas de pagamentos a receber.
- Verificar se as contas fecham: o valor das contas a receber deve ser superior ao dos pagamentos.
- Definir sua capacidade de trabalho durante um mês. É possível elaborar quantas matérias? Quantos clientes ou contas você consegue atender?
- Se o negócio for novo, tenha em mente o foco pré-estabelecido e pergunte-se: O que fazer e em quem mirar para atingir o objetivo? Como a empresa é vista diante do concorrente e que vantagens pode oferecer para superá-lo? Que números é preciso alcançar como metas para continuar crescendo?

Para começar, verifique: de cada 100 pessoas que estabeleceram contato com sua empresa, quantas realmente compram ou voltam para comprar? E como esses que voltam gostam de ser atendidos? Entender o movimento e o comportamento atual ajudará você a alocar recursos de forma mais inteligente.

Síntese

Neste capítulo, detalhamos as noções básicas para iniciar e gerenciar uma empresa de comunicação, o que é um assunto pouco explorado na formação dos jornalistas. Isso inclui trazer da área da administração informações sobre planejamento e destacar a importância desse instrumento para dar início a um projeto, ou seja, de prever antes de executar. Pesquisas demonstram que as empresas que fecharam as portas deram pouca atenção a questões como capacitação para área onde se pretende atuar, falta de especialização e pouca familiaridade com gestão como um todo. Para ter mais consistência no negócio, elencamos diversas metodologias que podem ser úteis para a elaboração de um plano de negócios. Metodologias como SWOT, Canvas, cinco forças de Porter, 5W2H e *design thinking* são algumas delas que ajudam o gestor a realizar desde o planejamento até o plano de ação. Além disso, também apresentamos no decorrer do capítulo algumas questões que fazem parte do gerenciamento da empresa no dia a dia, como gestão de pessoas, gestão do tempo, prospecção de clientes e precificação. São itens essenciais e que nem sempre são levadas em consideração pelo fato de que o brasileiro empreende com o carro já em movimento. Porém, são etapas que podem antever eventuais problemas.

Questões para revisão

1. Escolha uma das metodologias apresentadas neste capítulo e elabore um plano de negócios de um empreendimento, fictício ou verdadeiro.

2. Elabore um *pitch* com cinco *slides*, conforme a descrição feita neste capítulo sobre esse instrumento conciso de apresentação de um negócio. Sugestão: se preferir, você pode utilizar o plano de negócios já elaborado na atividade anterior.

3. Faça a correlação entre as colunas a seguir levando em consideração as etapas de um planejamento:

    I) Objetivos
    II) Cursos de ação
    III) Meios de execução

    ( ) Caminhos para atingir os objetivos.
    ( ) Recursos para realizar os objetivos.
    ( ) O que quero alcançar com o meu empreendimento.

Agora, assinale a alternativa que apresenta a sequência correta:

a) I, III, II.
b) II, III, I.
c) I, II, III.
d) III, I, II.
e) II, I, III.

4. Analise as seguintes asserções e assinale V para as verdadeiras e F para as falsas:

( ) A principal tarefa do planejamento é enfrentar a incerteza do futuro.

( ) *Turnover*, público-alvo e *stakeholders* são sinônimos.

( ) A matriz Eisenhower e a ferramenta 5W2H ajudam o empreendedor a realizar a gestão do tempo e de prioridades.

( ) A autogestão representa o futuro das organizações, pois os colaboradores vão implantar um sistema fundamentado em relações entre pares, sem a necessidade de hierarquia ou consenso.

Indique, a seguir, a alternativa que apresenta a sequência obtida:

a) V, F, V, V.
b) F, F, V, F.

c) V, F, F, V.
d) V, V, F, F.
e) F, V, V, F.

5. Assinale a única alternativa correta:
   a) Pesquisar o mercado e reativar seus antigos contatos com empresas com as quais já desenvolveu algum tipo de trabalho, parcerias ou algum *networking* compõem uma etapa prevista no plano de negócios.
   b) O Canvas é um instrumento para a prospecção de clientes.
   c) "Nós acreditamos em desafiar o *status quo*. Acreditamos em pensar diferente" (Sinek, 2012, p. 53). Essa é uma declaração de missão empresarial.
   d) Investir na satisfação dos clientes e ouvir atentamente o *feedback* deles sobre seus produtos e serviços são ações previstas para manter clientes na base da empresa.
   e) Autogestão é o nome que se dá a empresas que se gerem sozinhas, sem planejamento.

Questões para reflexão

1. Reflita sobre a importância do planejamento e reúna exemplos de empresas que foram bem-sucedidas porque previram cada passo do negócio.

2. Que competências o jornalista precisa desenvolver para conseguir planejar seu negócio?

3. Analise esta frase: "um planejamento sem uma boa execução é como matar a fome lendo apenas o cardápio". De que modo essa ideia pode se relacionar a um negócio bem-sucedido?

4. De que forma a declaração de propósito de uma empresa pode ser importante para o negócio?

5. Como seria o *pitch* de um negócio idealizado por você? Elabore-o.

Capítulo
06

Noções sobre legislação fiscal e processos formais para iniciar um empreendimento

Conteúdos do capítulo

- Abertura de sociedade ou dono único do negócio?
- Como proteger sua marca.
- Tipos de sociedade.
- Empresa Individual de Responsabilidade Limitada (Eireli).
- Sociedade Limitada (Ltda.).
- Microempreendedor Individual (MEI).
- Possibilidades de sociedade para jornalistas.
- Impostos para cada tipo de sociedade.
- Elaboração de um contrato.

Após o estudo deste capítulo, você será capaz de:

1. analisar os formatos empresariais para a abertura de uma empresa;
2. diferenciar os tipos de sociedade e suas particularidades;
3. identificar os tributos e as obrigações fiscais;
4. elaborar um contrato de prestação de serviços.

Os jornalistas, definitivamente, torcem o nariz quando o assunto é finanças, contabilidade ou gestão de modo geral. Todos os profissionais contatados para os estudos de caso deste livro admitem que não tiveram a devida capacitação para lidar com questões mais formais para se tornarem empreendedores. Além disso, muitos profissionais dessa área não têm uma capacidade analítica bem desenvolvida. Luisa Barwinski confessa que a gestão é a parte menos divertida de um negócio, mas necessária: "As informações são confusas e, assim como vários outros empreendedores brasileiros, sinto que não há incentivo – especialmente na área de serviços" (Barwinski, 2018).

Em alguns casos, a parte burocrática para iniciar um negócio é delegada a outra pessoa. Foi o caso de Alessandra Assad (2019), que não fazia ideia de como abrir uma empresa e deixou tudo a cargo da irmã. Assim também ocorreu com Marina Pastore (2018), que levantou as mãos para o céu pelo fato de o marido ser administrador e poder auxiliá-la nessa área.

Por isso, é preciso entender sobre leis, marcas e patentes, bem como a respeito do regime tributário mais vantajoso para você no começo. Mais do que isso, é necessário pensar a longo prazo e vislumbrar sua empresa daqui alguns anos.

6.1
Voo solo ou sociedade

Antes mesmo de abrir uma empresa de maneira formal, uma análise precisa ser feita. Você vai optar por trabalhar sozinho ou abrir uma empresa com um sócio? Não espere que o *know-how* técnico seja suficiente. É necessário ir além e também analisar o ser humano em sua integralidade. Existem ferramentas de *coaching* que podem ajudá-lo nesse propósito.

A princípio, personalidades muito parecidas podem gerar a expectativa de uma sociedade vantajosa, mas é possível que, no decorrer do tempo, um ou outro deixe escapar alguma oportunidade interessante. Pessoas que são muito boas em relacionamento talvez não tenham muita habilidade com a parte organizacional, bem como com métodos e processos, e o contrário também pode ser verdadeiro. Por isso, explorar todas as possibilidades antes da formação de uma sociedade é uma precaução importante para evitar dissabores: "Temos de lembrar que é como se fosse um casamento: na alegria e na tristeza temos de estar juntos, tomar decisões juntos, assumir posicionamentos estratégicos juntos, ter anseios juntos, dividir lucros juntos e também os prejuízos" (Costa, S. T., 2018).

Na decisão sobre ser abrir uma empresa individual ou se tornar sócio, é importante considerar alguns aspectos, tais como:

- Tenho capital suficiente para bancar o negócio, ou seja, investir e não ter retorno a curto prazo?
- Sou competente naquilo que quero empreender ou preciso de um especialista para me auxiliar?
- Fiz um plano de negócios para identificar possíveis fragilidades do empreendimento? Conheço meu público-alvo? Que informações tenho a respeito de investimentos e retornos? Preciso contratar colaboradores?
- Em uma possível sociedade, a relação deve ser extremamente profissional, com objetivos claros, metas e valores. Estou pronto para isso ou o sócio em vista é meu(minha) melhor amigo(a)?

Em seu livro *Por quê?*, Simon Sinek conta uma passagem interessante sobre pessoas com personalidade do tipo "por quê" e "como" e aconselha mesclar a organização com essa combinação. Segundo ele, a maioria das pessoas no mundo são do tipo "como", ou seja, sabem cumprir suas tarefas, têm foco em coisas que a maioria pode ver e tendem a ser melhores em criar estruturas e processos (Sinek, 2012, p. 144). No entanto, são profissionais que dificilmente criarão negócios ou mudarão o mundo, uma vez que essa atitude pertence a pessoas do tipo "por quê". Porém, pessoas visionárias, capazes de imprimir sua marca no mundo, geralmente precisam de indivíduos operacionais que saibam transformar a ideação em realidade. Há vários casos desses na história, e, apenas para citar um exemplo, podemos recorrer ao emblemático caso de Steve Jobs.

O "por quê" de Steve Jobs precisa ser marcante, para que seu ideal visionário perdure entre as gerações. Os demais dirigentes da Apple não carregam o estigma do fundador, mas são profissionais operacionais que muito provavelmente conseguirão levar a empresa adiante. Porém, especialistas afirmam que, sem Steve Jobs, morto em 2011, a empresa terá dificuldade em fazer inovações. Apenas o tempo confirmará ou desmentirá essa afirmação. O fato é que a empresa precisa se cercar de pessoas com diversidade de opiniões, ideias, comportamentos e espírito empreendedor, para garantir sua perenidade.

6.2
Proteção da marca

Você já decidiu que vai empreender, já fez seu planejamento e agora precisa partir para a abertura oficial da empresa, certo? Mas qual denominação você vai escolher? Antes de partir para a escolha de um domínio na internet, porém, é bom você saber que no Brasil as marcas e patentes são protegidas pela Lei n. 9.279, de

14 de maio de 1996, conhecida como *Lei de Propriedade Industrial* (LPI). Para executar as normas que regulam a propriedade intelectual no país, existe o Instituto Nacional da Propriedade Industrial (INPI). Logo, é mandatório você consultar o registro de marcas junto a esse órgão.

Assim, acesse o *site* <http://www.inpi.gov.br> e clique no item "Faça a busca", localizado na coluna à esquerda titulada "Pedido em etapas". Ao entrar no ambiente, clique no *link* "Marca". Dentro desse ambiente, o *site* pede *login* e senha, mas como você provavelmente ainda não os possui, será preciso localizar o seguinte cabeçalho: "Consultar por: Base Marcas, Pesquisa Básica, Marca, Titular, Cód. Figura". Ao clicar em "Marca", será possível digitar o nome que você busca, para verificar se o registro está disponível ou não. Ao fazer o pedido, você receberá o código 389, que envolve o registro da marca, cujas taxas também poderão ser consultadas no *site* e cobradas sem a intermediação de empresas de marcas e patentes, diretamente pelo próprio empresário (Brasil, 2019a).

Sabe por que essa precaução? Vamos supor que você faça a busca do nome no registro de domínios da internet[1] e que o nome de sua preferência esteja livre. É possível que o mesmo nome tenha sido registrado por um empreendedor no INPI. Sendo assim,

---

1   REGISTRO.BR. Disponível em: <https://registro.br>. Acesso em: 18 out. 2019.

as consequências serão amargas. Você poderá ser acionado judicialmente para retirar o seu nome do mercado, uma vez que o Inpi obedece à lei da anterioridade – ou seja, quem registrou primeiro é o dono da marca. Imagine que sua empresa poderá crescer de maneira exponencial e, de repente, ser surpreendida por uma falha inicial na escolha da sua denominação. Praticamente, isso equivalerá a começar o negócio do zero, novamente. Além do INPI, outra precaução é consultar as juntas comerciais de estado para verificar se existe alguma empresa aberta com nome parecido e, inclusive, classificada em atividades similares, como publicidade, propaganda e relações públicas, por exemplo.

Assim, é importante que você conheça algumas diferenças, antes de abrir sua própria empresa ou optar por uma sociedade:

- **Denominação social** – Nome legal da empresa, a razão social, e segue regras específicas de acordo com a natureza jurídica da sociedade (MEI, Ltda., S/A etc.).
- **Nome fantasia** – Título mercadológico utilizado para a empresa, que pode ser utilizado em cartões de visita, no próprio *site* e para se promover no mercado.
- **Marca** – Ativo de propriedade industrial concedido pelo INPI e que garante o uso exclusivo, em o todo território nacional, de marcas que atuam no mesmo segmento.

Estudo de caso

Proteja o nome da sua empresa

Um caso que podemos utilizar como exemplo para ilustrar o exposto ocorreu com a empresa Stampa News Comunicação, que registrou seu nome no INPI assim que foi aberta, em 1995. E a decisão foi acertada, porque pouco tempo depois surgiu uma empresa com a mesma denominação e na mesma área de atuação. Em casos como esse, em que duas empresas agem no mesmo segmento, tem preferência aquela com registro no INPI. Caso ambas tivessem feito o registro, a preferência seria da empresa que o fez há mais tempo.

Isso gerou uma confusão geral no mercado local, e as sócias da Stampa News Comunicação só foram descobrir a existência da outra empresa no momento em que jornalistas passaram a procurar, para entrevistas, as fontes que, na verdade, pertenciam à outra agência. Resultado: a empresa já registrada no INPI fez citação extrajudicial à outra companhia e não foi necessário seguir com o processo, já que a outra agência mudou a denominação.

Essa situação real demonstra que todo cuidado é pouco e, sim, é necessário resguardar a marca. Se o profissional contratado por abrir sua empresa subjugar essa etapa, insistindo em só registrar a empresa na Junta Comercial, faça questão de também fazer a pesquisa e o registro do nome no INPI. Essa pesquisa é

> gratuita. Na sequência, proceda ao registro da sua marca, formada por nome e logotipo (os dois juntos), cujos custos compensarão um eventual infortúnio posterior.

∴ O poder do *branding*

Um patrimônio antes considerado intangível, mas que vem ganhando cada vez mais valor, é o denominado *brand equity*, ou seja, a mensuração de uma marca. Atrelada a ela está a diferenciação que cada empresa pode imprimir ao seu negócio por meio de uma eficiente gestão. Assim, *branding* é um processo contínuo de gestão da marca, que tem o objetivo de elevar seu valor ao suscitar associações positivas e diferenciação em relação à concorrência. Já o *brand equity* é o valor que a marca agrega em relação aos similares do mercado, ou seja, refere-se ao resultado do *branding* que pode ser mensurado. Uma pesquisa da Interbrand, que realiza anualmente estudos das empresas mais valorizadas do Brasil, elenca as razões pelas quais as marcas cativam seus clientes:

> As marcas que estão crescendo sabem se conectar com o consumidor e ativar sua estratégia através de iniciativas consistentes e que nascem de um propósito legítimo. *Transformação* para o Itaú, *diversidade* para a Skol, *sustentabilidade* para a

Natura [...] são os pontos de partida para a ativação dessas marcas, seja por meio de patrocínios, ações de cidadania corporativa, seja da própria jornada do consumidor. (Matias; Cirenza, 2017, grifos do original)

É em meio a esses atributos que estão os denominados *brandlovers*, consumidores que percebem – e valorizam – atributos de determinada marca que, para outros, podem não ser relevantes, mas que fazem a diferença no momento de compra ou escolha por determinado serviço. Assim, o *branding* está baseado no cliente e na resposta exercida por ele ao produto ou serviço de uma empresa, com poder de elevar o valor da marca. O que as marcas mais valiosas compartilham são os benefícios gerados por um positivo *brand equity*:

- Ser percebida de maneira diferente e produzir diferentes interpretações do desempenho do produto ou serviço.
- Desfrutar de maior lealdade e ser menos vulnerável a ações de *marketing* da concorrência.
- Comandar margens maiores.
- Receber maior cooperação e apoio comercial.
- Aumentar a eficácia da comunicação de *marketing*.
- Obter oportunidades de licenciamento.
- Suportar extensões de marca.

Muitas agências de pesquisa desenvolveram seus próprios modelos de *brand equity* que são executados em parceria com pesquisadores de usuários finais. Embora os detalhes das várias abordagens para conceituar o valor da marca sejam diferentes, eles tendem a compartilhar um núcleo comum: todas as definições dependem, implícita ou explicitamente, de estruturas de conhecimento de marca nas mentes dos consumidores – indivíduos ou organizações – como fonte do valor da marca.

6.3
Tipos de sociedade empresarial

Você já decidiu que vai empreender, já fez seu planejamento, protegeu a marca registrando-a no INPI e agora precisa partir para a abertura propriamente dita da empresa! Porém, essa escolha vai depender de decisões como:

- Vai partir para carreira solo com empresa individual?
- Terá um ou mais sócios?
- Qual será o número inicial de funcionários?
- Qual será a expectativa de faturamento inicial?

No Brasil, é possível abrir empresas de diferentes tipos, e cada um deles implica diferentes responsabilidades. Cada organização empresarial tem características e normas específicas, entre as quais se destacam o valor dos faturamentos mensal e anual e também a relação dos direitos e das obrigações dos sócios em uma eventual dívida contraída no seu exercício social ou, até mesmo, em virtude de más decisões que deveriam ter sido planejadas estrategicamente, já que toda organização tem a intenção de ser próspera e obter resultados positivos, retribuindo seus sócios por meio de lucros.

A observância a esses detalhes é muito importante, porque você poderá responder com seu patrimônio individual a débitos gerados pela empresa. Isso vai depender, claro, da característica escolhida para constituir a organização. É importante reforçar a questão da escolha da sociedade e dos papéis exercidos pelos sócios, aspectos que deverão estar detalhados no planejamento ou no plano de negócios. Além disso, é necessário considerar a análise de sua capacitação técnica, uma vez que um jornalista, na posição de gestor, precisa se qualificar também para opinar sobre os rumos e investimentos da empresa, e não apenas para lidar com a parte operacional.

Esse é justamente o objetivo das discussões que estamos apresentando, porque os jornalistas sabem exercer sua atividade com exímia maestria; mas o mundo atual exige deles novas competências que não foram aprendidas nos bancos escolares. Por isso mesmo, eles precisam correr contra o relógio e, sim, entender de números, faturamento, divisão de lucros, pagamento de funcionários, precificação, cumprimento de metas e objetivos e, ainda, gestão de recursos humanos, área de vendas, prospecção de clientes, entre outros.

Há casos em que jornalistas, ocupando-se apenas de sua *expertise* (contato com clientes, meios de comunicação e elaboração de *releases* e pautas), deixaram nas mãos de sócios aspectos financeiros e tributários e acabaram desfazendo a sociedade, após verificarem rombos em tributos devidos à Receita Federal equivalentes a R$ 50 mil. E, convenhamos, esse é um dos credores irredutíveis com os quais não desejamos nos deparar, porque é aquele que dificilmente desiste da cobrança ou deixa de render juros e correção monetária. Além disso, por vezes, devido à característica da empresa e da sociedade formada, pode haver dificuldades em se enquadrar em programas de refinanciamento de dívidas que frequentemente são anunciados pelo Governo Federal. E em alguns casos isso se traduz no fato de ter de honrar a dívida com muito sacrifício, tanto financeiro quanto emocional.

Assim, grandes dificuldades provêm da própria má gestão ou, até mesmo, da falta de conhecimento dos gestores, que devem recorrer a profissionais da área contábil para que possam formalizar os processos de refinanciamento ou parcelamento. Cabe lembrar que a empresa, dependendo do seu enquadramento, poderá deixar de ser enquadrada. No caso de uma microempresa (enquadrada no Simples Nacional), por exemplo, se ela estiver com dívida ativa e não recorrer ao parcelamento ou simplesmente não cumprir com as obrigações tributárias, ela poderá ser desenquadrada daquela forma de tributação, ou seja, deixar de estar no Simples Nacional.

Para a área de comunicação, é possível optar por diversos formatos, entre os quais estão: Empresário Individual (EI), Empresa Individual de Responsabilidade Limitada (Eireli) e Sociedade Limitada (Ltda.), que pode ser enquadrada como Microempresa (ME) ou Empresa de Pequeno Porte (EPP).

Na legislação, existem formatos que abrangem desde empresas sem fins lucrativos até sociedades anônimas, cujo detalhamento não será abordado justamente porque o foco dos pequenos negócios em jornalismo, a princípio, não se encaixa nessas categorias. Por um lado, queremos aferir lucro com nossos empreendimentos; por outro, até atingir o patamar de Sociedade Anônima e suas obrigações legais, o ideal é começarmos com o pé no chão.

Exemplo de empresa que se enquadra como Sociedade Anônima é a Globo Comunicação e Participações S/A, sociedade constituída por ações de capital fechado. Ou seja, suas ações não estão disponíveis para comercialização no mercado da Bolsa de Valores, sendo que os recursos ficam limitados apenas aos acionistas, que são os sócios da empresa.

Em 2017, a sociedade teve uma receita líquida com vendas, publicidade e serviços da ordem de R$ 14,8 bilhões e lucro de cerca de R$ 1,8 bilhão, conforme demonstrações financeiras divulgadas[2].

Para o jornalista que está nesse estágio do empreendimento, recomendamos contratar um profissional de sua confiança da área de contabilidade para auxiliá-lo nesse processo, já que muitas são as nuances que envolvem a atividade com relação ao enquadramento contábil. Em geral, os contadores cobram de honorários o valor de meio a um salário mínimo vigente para realizar todo o processo de abertura da empresa, mas esse custo poderá variar de acordo com a complexidade da operação. Em casos de empresas que operam em indústria e comércio, por exemplo, haverá a necessidade de análise de outros órgãos, como Vigilância Sanitária, IAP etc.

Há, também, formatos empresariais que são muito complexos e, por vezes, exigem a contratação de um contador por força de lei. Nesses casos, o melhor caminho é contar com a orientação desse profissional para a regularização.

Se você for trabalhar em esquema de *home office*, por exemplo, o município poderá conceder alvará para o empreendedor que exerça atividades de baixo risco, tais como:

---

2   O relatório da administração do Grupo Globo referente ao ano-calendário de 2017 pode ser consultado pelo seguinte endereço eletrônico: <https://globoir.globo.com/>. Acesso em: 18 out. 2019.

- instalação em áreas desprovidas de regulação fundiária legal ou com regulamentação precária;
- residência do Microempreendedor Individual (MEI), na hipótese em que a atividade não gere grande circulação de pessoas.

No caso de optar por um escritório, as taxas de alvará nos órgãos serão emitidas de acordo com a metragem quadrada do local e com os riscos das atividades. Assim, o empresário poderá pagar até R$ 1.000,00, levando-se em consideração apenas as empresas de pequeno porte.

A seguir, apresentaremos alguns tipos de sociedade empresarial que podem ser abertas por jornalistas empreendedores.

Empresa Individual de Responsabilidade Limitada (Eireli)

A Eireli é constituída por apenas um titular da totalidade do capital social. No caso de haver dívidas, diferente do que ocorre com o empresário individual, o proprietário não responde pelas dívidas da empresa com seus bens pessoais. Para abrir uma Eireli, no entanto, é necessário que o capital social da empresa seja superior a 100 vezes o maior salário mínimo vigente no Brasil. Essa modalidade empresarial é regulada pelas mesmas normas aplicáveis às sociedades limitadas.

Sociedade Limitada (Ltda.)

A Sociedade Limitada de um tipo de empresa que exerce profissionalmente atividade econômica organizada para a produção ou circulação de bens ou de serviços e que reúne pelo menos dois sócios, os quais precisam se inscrever na Junta Comercial do Estado para formalizar a empresa, bem como celebrar entre si um contrato social que defina a distribuição de cotas de capital entre eles.

Na Sociedade Limitada, há clara separação entre as contas pessoais dos sócios e as da empresa. A responsabilidade de cada sócio sobre a empresa é representada conforme o número de cotas de cada sócio, ou seja, de acordo com o valor do capital social da empresa de que cada sócio dispõe. Nesse formato, os sócios respondem de forma limitada em relação ao capital social da organização e a dívidas contraídas pela empresa em funcionamento.

Conforme o faturamento de uma Sociedade Limitada, entre outras formas de tributação, ela poderá ser caracterizada como Microempresa (ME) ou Empresa de Pequeno Porte (EPP).

A ME tem faturamento bruto anual menor ou igual a R$ 360 mil e atende às características determinadas na Lei Complementar n. 123, de 14 de dezembro de 2006 (Brasil, 2006), que se trata de um regime tributário que funciona de forma mais simples e unificada, denominado Simples Nacional.

Por sua vez, a EPP tem faturamento entre R$ 360 mil e R$ 4,8 milhões. Pode também ser enquadrada no regime do Simples Nacional, desde que não esteja exercendo atividades vedadas pela Lei Complementar n. 123, como corretora de valores, banco de investimentos, desenvolvimento ou comercial, sociedade de crédito, entre outras (Brasil, 2006).

Microempreendedor Individual (MEI)

Uma das formas mais vantajosas para quem inicia um empreendimento é abrir uma empresa com custos iniciais mais baixos, você concorda? Por isso, desde julho de 2009, tornou-se possível aos pequenos empreendedores legalizar seus negócios por meio de uma facilidade incorporada ao Estatuto das Microempresas e Empresas de Pequeno Porte. Trata-se do MEI. Vamos detalhar esse tipo de sociedade porque ela é a mais básica para quem busca um negócio próprio que, a princípio, será executado por uma única pessoa.

O sistema prevê legalização sem custos para o pequeno empresário e facilidades na tributação, de modo que ela seja ainda mais simplificada que a do Simples Nacional. Porém, vários profissionais não se encaixam nessa categoria e, assim, não podem usufruir das facilidades de legalização e tributação do MEI, seja em função do faturamento, do número de empregados ou da atividade exercida. O especialista e professor Paulo Sérgio Miguel (2018), coordenador do curso de pós-graduação de Auditoria e Perícia da Pontifícia Católica do Paraná (PUCPR), detalha quem não se enquadra no MEI:

- empresas com sócios;
- empresas que tenham ou pretendam ter filiais;
- empresas com faturamento anual (ou previsão de faturamento) até R$ 81 mil, cujo faturamento mensal gira em torno de R$ 6.750,00;
- empresas com mais de um empregado registrado;
- empresas com empregado que ganhe acima do piso salarial da categoria profissional;
- sócio ou administrador de outra empresa já registrada;
- atividades intelectuais e de profissões regulamentadas (exceto contadores), como consultores, economistas, advogados e também jornalistas.

As atividades permitidas na modalidade MEI são inúmeras e podem ainda ser verificadas no Portal do Empreendedor[3]. No *site*, é possível, de modo intuitivo, com o preenchimento de dados simples, dar início à formalização da empresa. Entre os documentos necessários, estão:

- Cadastro de Pessoa Física (CPF);
- título de eleitor;

---

3   O Portal do Empreendedor pode ser acessado pelo seguinte endereço eletrônico: <http://www.portaldoempreendedor.gov.br/>. Acesso em: 18 out. 2019.

- recibo da última declaração do Imposto de Renda, caso tenha declarado nos últimos dois anos;
- Código de endereçamento postal (CEP) da residência e do local onde exercerá a atividade;
- número de celular ativo.

Ao contrário de outros formatos empresariais, não é necessário encaminhar nenhum documento à Junta Comercial, uma vez que o governo simplificou tudo em um só documento, que é o Certificado da Condição de Microempreendedor Individual (CCMEI). Nele constam dados como CNPJ, inscrição na Junta Comercial e no Instituto Nacional de Seguro Social (INSS), além do Alvará Provisório de Funcionamento.

∴ O jornalista e as possibilidades de formação societária

De acordo com a Resolução n. 58, de 27 de abril de 2009, atualizada pela Resolução n. 78, de 13 de setembro de 2010, que regulamentou o capítulo da Lei Complementar n. 128, de 19 de dezembro de 2008, criando o empreendedor individual e suas atividades, figura jurídica que entrou em vigor no dia 1º de julho de 2009, a atividade do jornalista não figura entre as atividades descritas (Brasil, 2010). No entanto, o professor Paulo Sérgio Miguel (2018) alega que, por outro lado, nada impede que, em algumas situações, o empreendimento se beneficie do Estatuto das Microempresas e até possa ser tributado pelo Simples Nacional: para jornalistas, as formas de abrir uma empresa dependerão da atividade que será desenvolvida e se haverá sócios. Isso pode alterar completamente os formatos de empresa e seu tipo de abertura.

Para consultar a atividade principal e as atividades secundárias da empresa, o governo padronizou a Classificação Nacional de Atividades Econômicas (CNAE), que traz atividades de empresas privadas, públicas, do setor agrícola, bem como de instituições sem fins lucrativos e de profissionais autônomos. Na Secretaria da Receita Federal, a CNAE é um código a ser informado na Ficha Cadastral de Pessoa Jurídica (FCPJ) que alimenta o Cadastro Nacional de Pessoa Jurídica (CNPJ).

No caso do jornalista, assim como de outros profissionais que não estão enquadrados na legislação do MEI, Paulo Sérgio Miguel (2018) sugere algumas alternativas para que o empreendedor possa se beneficiar de um tributo mais baixo no início do negócio próprio. Para isso, existem algumas opções:

- Busque se concentrar em um negócio, e não na profissão, por exemplo: instrutor de cursos gerenciais (CNAE 8599-6/04), treinamento em desenvolvimento profissional e gerencial (caso queira realizar trabalhos nessa área), entre outros.

- Geralmente, as empresas (MEI) têm profissionais regulamentados em sua frente, mas dão ênfase ao negócio, a exemplo de administradores realizando treinamentos, comercializando mercadorias etc.

A contadora e professora Neusa Sawczuk von Eggert (2019) relata que todas as organizações que produzem bens e serviços possuem um código principal na CNAE, o qual é definido de acordo com a atividade econômica desempenhada em cada organização. Essa classificação pode ser consultada no *site* do Instituto Brasileiro de Geografia e Estatística (IBGE). Além da CNAE principal, é possível também escolher algumas CNAEs secundárias, conforme a necessidade de cada caso.

Sendo assim, certas CNAEs podem se associar às atividades do jornalista empreendedor, dependendo da atividade que se queira desenvolver em longo prazo. Conforme ressalta o professor Paulo Sérgio Miguel (2018), o foco deve ser na atividade, e não na profissão. A relação completa dessas CNAEs pode ser verificada no site do IBGE (2019). A seguir, listamos algumas delas:

- Edição de livros – 5811-5/00
- Edição de jornais – 5812-3/01
- Edição de jornais não diários – 5812-3/02
- Edição de revistas – 5813-1/00
- Jornalista independente – 9002-7/01
- Fabricação de papel jornal – 1721-4/00
- Serviços de recortes de jornal, notícias – 6399-2/00

- Serviços de organização de feiras, congressos, exposições e festas – 8230-0/01
- Treinamento em desenvolvimento profissional e gerencial – 8599-6/04

Já na prestação de serviços específicos de consultoria, caso da maioria das empresas de assessoria de imprensa, por exemplo, sugere-se a seguinte CNAE: Atividades de consultoria em gestão empresarial, exceto consultoria técnica específica – 7020-4/00.

Rainho (2008), em seu livro *Jornalismo freelance*, aponta que, para reduzir a carga tributária, o jornalista geralmente fazia o registro como uma firma de artes gráficas ou serviços fotográficos, porque na prática o profissional exerce essas atividades em algum momento. Porém, via-se impedido de emitir nota fiscal de produção de textos, por exemplo: "A saída pela tangente era generalizar como 'prestação de serviços editoriais'" (Rainho, 2008, p. 67). Dessa forma, o autor aconselha seguir sempre a legalidade:

> Abra a empresa de acordo com a finalidade a que se destina. Se pretender editar publicações independentes, qualifique-a como editora, além de prestadora de serviços. Pense sempre no futuro. Com o passar dos anos, a empresa do jornalista autônomo vai mudando a configuração. Pode ter começado com o objetivo de prestar serviços editoriais a veículos de comunicação e na prática estar executando assessoria de imprensa. (Rainho, 2008, p. 67)

O autor também aconselha a listar, na razão social, objetivos amplos, prevendo todos os casos de empreendedorismo, caso isso não tenha sido decidido no momento da abertura da empresa. Por fim, ele recomenda a elaboração de um contrato social que mais se adapte às necessidades, de preferência com o auxílio de um advogado ou de um contador (Rainho, 2008).

6.4 Tributos

Você quer faturar quanto? Se você chegou até aqui, é porque já passou pelas etapas de planejamento e precificação, certo? Assim, o pagamento de tributos vai depender do tipo da sua empresa. É possível que você comece com um negócio pequeno, como é usual no mundo dos negócios, e, aos poucos, vá ganhando escala, alterando a formatação da sua pessoa jurídica. A esse respeito, Rainho (2008, p. 66) salienta que:

> A alternativa natural é abrir uma empresa comum e arcar com os impostos de praxe (em torno de 15% para pequena empresa e menos para microempresa – dependendo ainda se será ou não enquadrado na categoria Simples, em que paga apenas um valor para diversos impostos, com taxas variando de 1% a 6%, também dependendo da condição oferecida pelo município sede).

O MEI, por exemplo, é uma pessoa que trabalha de forma autônoma, ou seja, por conta própria. Como já vimos, seu faturamento deve ser até R$ 81.000,00 ao ano, não pode ter participação em outra empresa, como sócio ou titular, e pode ter até um funcionário contratado, que deve receber o salário mínimo ou o piso da categoria.

Por possuir um CNPJ, o MEI tem direito a criar uma conta bancária para sua empresa, emitir notas fiscais, entre outros benefícios, e é enquadrado nas normas do Simples Nacional: "Suas taxas mensais são bastante reduzidas e, através do pagamento das mesmas, o MEI tem direito a benefícios como auxílio-maternidade, auxílio-doença, entre outros" (Miguel, 2018).

O MEI se torna atrativo porque a contribuição mensal de tributos é muito vantajosa para quem inicia um empreendimento. O Documento de Arrecadação do Simples Nacional (DAS) é a forma como o empresário vai recolher os impostos, cujo vencimento ocorre até o dia 20 de cada mês, passando para o dia útil seguinte caso incida em final de semana ou feriado.

Além de o valor ser baixo, ele é fixo, o que ajuda o empreendedor a controlar os gastos sem variáveis no final do mês. A Tabela 6.1, a seguir, demonstra o valor da DAS conforme o segmento em que a empresa está inserida.

Tabela 6.1 – Tributos recolhidos pelo MEI[4]

MEIs – ATIVIDADE	INSS (R$)	ICMS/ISS (R$)	Total (R$)
Comércio e Indústria – ICMS	49,90	1,00	50,90
Serviços – ISS	49,90	5,00	54,90
Comércio e Serviços – ICMS e ISS	49,90	6,00	55,90

Fonte: Brasil, 2019b.

Com o registro, o MEI passa a ter a obrigação de contribuir para o INSS/a Previdência Social, sendo que essa contribuição deve ser de 5% sobre o valor do salário mínimo vigente, mais R$ 1,00 de Imposto sobre Circulação de Mercadorias e Serviços (ICMS) para o Estado (atividades de indústria, comércio e transportes de cargas interestadual) e/ou R$ 5,00 de Imposto sobre Serviços (ISS) para o município (atividades de prestação de serviços e transportes municipais).

A vantagem para o MEI é o direito aos benefícios previdenciários, tais como aposentadoria por idade, licença-maternidade, auxílio-doença, entre outros, após obedecidos os prazos de carência. A contribuição ao INSS é reajustada sempre que há

---

4 Valores referentes a 2019.

aumento do salário mínimo, assim como ocorre com o benefício previdenciário.

Para emitir uma nota fiscal, cada município brasileiro tem suas regras, mas a maioria possibilita um portal para a emissão da nota fiscal eletrônica. Como exemplo, citamos o portal da Prefeitura de Curitiba[5], em que é possível emitir uma nota fiscal *on-line* e enviá-la por *e-mail* ao cliente[6]. Caso seja enquadrado como MEI, o empreendedor não está sujeito à incidência de Imposto de Renda Pessoa Jurídica (IRPJ), Imposto sobre Produtos Industrializados (IPI), Contribuição Social sobre Lucro Líquido (CSLL), Contribuição para o Financiamento da Seguridade Social (Cofins), Programa de Integração Social (PIS) e INSS patronal.

Em outras modalidades empresariais, os principais tipos de impostos cobrados atualmente concernentes ao setor de serviços são: IRPJ, Cofins e ISS. Cada CNAE está sujeita à incidência de determinados impostos, dependendo também do porte e do faturamento[7] da organização. A seguir, apresentaremos como cada um desses impostos é operado:

• • • • •

5   Portal da Prefeitura de Curitiba para acesso ao serviço de preenchimento da Nota Fiscal Eletrônica: CURITIBA. **Portal de Serviços**. Disponível em: <http://www.curitiba.pr.gov.br/servicos/empresa>. Acesso em: 18 out. 2019.
6   Tutorial para preenchimento de Nota Fiscal, elaborado pela K2 Assessoria Contábil: TUTORIAL NFS-E Prefeitura de Curitiba. Disponível em: <https://www.youtube.com/watch?v=IgCqhLOz8ac>. Acesso em: 18 out. 2019.
7   Tabela de impostos para empresas do Simples Nacional: TORRES, V. **Tabela do Simples Nacional**: completa. 29 nov. 2017. Disponível em: <https://www.contabilizei.com.br/contabilidade-online/tabela-simples-nacional-completa>. Acesso em: 18 out. 2019.

IRPJ

O IRPJ é o imposto recolhido pela Receita Federal sobre o faturamento da empresa, apresentando cálculos diferentes conforme o regime tributário escolhido (lucro real e lucro presumido). Em geral, o lucro real é adotado por empresas de grande porte devido à sua complexidade.

Em empreendimentos de jornalismo, algumas empresas adotam o lucro presumido para cálculo do IRPJ, podendo variar de 1,6% a 32% do faturamento, dependendo da atividade. O lucro presumido é válido para empresas com faturamento anual de até R$ 78 milhões.

Cofins

A Cofins é uma contribuição federal que também incide sobre o faturamento, sendo que a alíquota pode ser de 3% a 7,6%. As pequenas e microempresas que optam pelo regime do Simples Nacional estão isentas da obrigatoriedade do pagamento dessa contribuição especificamente – empresas com faturamento anual de até R$ 4,8 milhões.

PIS

O PIS também é uma contribuição federal, e o tributo incide sobre o faturamento mensal da empresa, com alíquota variando de 0,65% a 1,65%.

ISS

O ISS é um tributo municipal que incide sobre a prestação de serviços, cuja alíquota varia conforme decisão de cada município. A alíquota mínima é de 2%.

6.5
Contrato de prestação de serviço

O jornalista tem verdadeira obsessão por começar logo seu trabalho, em uma ansiedade que pode prejudicar etapas preventivas quanto a sua saúde financeira. Tendo um negócio, é preciso começar a agir como empreendedor. Portanto, não existe prestação de serviço sem a devida contrapartida formal, oficial e legal. Após ser aprovada a proposta inicial, o primeiro passo antes de iniciar o trabalho em si é firmar um contrato entre as partes. Tal contrato pode trazer uma redação simples, elaborada por um advogado, administrador ou contador de confiança, mas nele precisam estar claros os direitos e deveres de ambas as partes. E não basta enviá-lo por *e-mail* para a validação. É necessário, sim, que todas as páginas sejam rubricadas e assinadas ao final.

Rainho (2008) traz um relato preocupante sobre essa questão e a ausência de formalização contratual com profissionais *freelancer*. Ao que parece, o empreendedor jornalista se apropriou – erroneamente – dessa prática: "Se você é pessoa jurídica, saiba que não existem acordos verbais entre as partes no mundo dos negócios. Até para contratar um faxineiro eventual as empresas exigem a assinatura de algum termo de compromisso" (Rainho, 2008, p. 71).

Quando você chegar a essa etapa da negociação, não permita firmar contrato "no fio do bigode". É necessário elaborar um contrato para evitar dissabores e prejuízos para você, como empreendedor. No mínimo, desconfie da empresa que nega essa prática usual no mundo corporativo, conforme comenta Rainho (2008, p. 73): "Quando alguma empresa questiona seu pedido de formalização contratual de um trabalho, pode ter certeza de que você terá problemas em receber algum dia. Ou, no mínimo, ficará vulnerável".

Entre as cláusulas para a elaboração de um contrato de prestação de serviços, inclua os seguintes itens[8]:

- **Tipo do serviço prestado** – Assessoria de imprensa, divulgação, gestão de redes sociais, cobertura de evento, elaboração de estratégia de comunicação e *marketing*, consultoria (especificando em que áreas), entre outros.
- **Detalhamento** – Após elencar o tipo de serviço, detalhe ao máximo o que será feito ao cliente, como conteúdo, relatórios, pesquisas, edição e fotos.

---

8   Nos apêndices desta obra, você poderá consultar três modelos de contrato de prestação de serviços, utilizados pela própria autora deste livro em sua vida profissional.

- **Trabalhos não previstos** – Depois que o cliente contrata uma empresa, tudo que está escrito em contrato passa a valer. Assim, se eventualmente você for tirar fotos, mas não com o compromisso profissional de estar sempre presente a eventos para isso, será bom especificar no contrato. O mesmo deve ocorrer quanto ao custeio com deslocamentos a eventuais filiais, hospedagem e alimentação. Se você não fizer essa previsão, poderá ser cobrado e terá prejuízo se essa cláusula não constar do seu escopo.
- **Valores e validade do contrato** – Detalhe o valor a ser pago pelos serviços, a data de pagamento, os dados cadastrais bancários e o valor da multa por atraso. Além disso, vale ressaltar o que não está incluído no valor, bem como a validade do contrato, que geralmente é de um ano, mas que dependerá do acordo firmado.
- **Rescisão contratual** – Insira no contrato as regras para a rescisão contratual por uma das partes e as obrigações do contratante, tanto para coibir prejuízos quanto para evitar a surpresa de ter seu trabalho encerrado enquanto o projeto em que você participa ainda está em andamento. É preciso ser ético, ou seja, como empreendedor, é necessário finalizar o que ficou acordado até determinada data, para o cliente proceder ao pagamento pelo serviço.

Noções sobre legislação fiscal e processos formais para iniciar um empreendimento

Síntese

Neste capítulo, apresentamos todos os processos formais para iniciar um empreendimento desde o seu início, ou seja, considerando se você terá um empreendimento com ou sem sociedade, além da proteção da marca consultando o INPI. Mas não se trata só disso. Para se iniciar uma empresa, existem aspectos legais e fiscais que devem ser observados. O primeiro deles refere-se ao tipo de sociedade empresarial. Discorremos sobre as características de MEI, Eireli, Ltda., entre outras.

Outro ponto de atenção refere-se aos tributos de cada tipo de sociedade e às previsões legais que devem constar em um contrato de prestação de serviço para ter o amparo da lei. Além disso, é essencial que o empreendedor preste muita atenção ao tipo de CNAE com que vai atuar, ou seja, sua atividade-fim e as secundárias. Você só poderá atuar no mercado dentro da CNAE específica e, para a profissão de jornalista, é preciso buscar CNAEs que traduzam a atividade na qual se vai atuar, o que é um desafio para quem nunca lidou com essas questões administrativas. Nada que, com ajuda de um bom profissional de contabilidade, você não possa superar. No entanto, só você saberá informar em que áreas sua empresa irá atuar, tanto hoje quanto no futuro.

Questões para revisão

1. Na modalidade de empresa do tipo Sociedade Limitada (Ltda.), há dois tipos de configuração: ME ou EPP. Explique a diferença entre as duas.

2. O que caracteriza um empresário individual?

3. Faça a correlação entre as denominações a seguir e suas definições:

   I) Denominação social
   II) Nome fantasia
   III) Marca

   ( ) Ativo de propriedade industrial concedido pelo INPI.
   ( ) Nome legal da empresa, razão social.
   ( ) Título mercadológico usado para empresa, aquele que consta no cartão de visitas.

   A seguir, indique a alternativa que apresenta a sequência correta:

   a) II, III, I.
   b) I, II, III.
   c) III, I, II.
   d) III, II, I.
   e) I, III, II.

4. Analise as afirmativas a seguir e assinale V para as verdadeiras e F para as falsas:
   ( ) O empreendedor enquadrado como MEI está sujeito à incidência de IRPJ, IPI, CSLL, Cofins, PIS e INSS patronal.
   ( ) A profissão de jornalista não está prevista na relação de atividades que podem se enquadrar em MEI.
   ( ) Não é necessário firmar contrato para prestar serviço. Basta o acordo mútuo entre as partes para dar início ao trabalho.
   ( ) O INPI obedece à lei da anterioridade, ou seja, quem registrou primeiro o nome é o dono da marca.

   A seguir, indique a alternativa que apresenta a sequência correta:

   a) F, V, F, V.
   b) V, F, V, V.
   c) F, F, F, V.
   d) V, F, F, V.
   e) V, V, V, F.

5. Assinale a alternativa correta:
   a) A ME tem um faturamento bruto anual menor ou igual a R$ 360 mil.
   b) A EPP não pode ser enquadrada no regime do Simples Nacional.

c) Empresas com até cinco funcionários podem se enquadrar como MEI.

d) O lucro presumido, adotado por algumas empresas de comunicação, é válido para empresas com faturamento anual acima de R$ 78 milhões.

e) O MEI não tem direito a auxílio-maternidade nem a auxílio-doença.

Questões para reflexão

1. Quais questões você levaria em consideração ao formar sociedade com alguém?

2. Ao verificar as várias modalidades de empresa, você iniciaria sua escolha analisando quais aspectos?

3. Até mesmo um jornalista *freelancer* precisa realizar um contrato de prestação de serviços. Quais as vantagens dessa formalização?

4. Para atender é preciso entender. Considerando essa máxima de Kotler, qual a importância de saber dos tributos a pagar, mesmo que você contrate um contador para lhe auxiliar?

5. Pesquise e faça comparativos entre as facilidades de abrir empresas em outros países e no Brasil e reflita sobre o apoio ao empreendedorismo brasileiro.

Considerações finais

A missão de tratar sobre empreendedorismo em jornalismo por si só já é um desafio. Assim, nesta obra, abrimos possibilidades de debates sobre a combinação de ambos, visando a um novo cenário, descrito no decorrer do livro, de unir propósito e realização. Logo, se pudermos ser financeiramente reconhecidos, será melhor ainda, certo?

Por isso, buscamos situar o jornalista como dono de sua própria carreira, de sua mão de obra, com vastas oportunidades de trabalho para além das redações dos veículos de comunicação para o qual esse profissional foi tradicionalmente formatado. Em um mercado em processo disruptivo, possivelmente outros formatos empresariais ainda surgirão, especialmente porque o emprego como a sociedade conhecia no passado não faz mais sentido para as atuais gerações, que buscam experimentação e sentido de propósito.

Portanto, os novos empreendimentos podem advir de oportunidades ainda não descobertas, sutilmente presentes no nosso cotidiano. Esse é o chamamento deste livro, quando propomos olhar para as transformações, para a inovação e convidamos os profissionais a saírem da inércia. Nesse sentido, é preciso estar com todos os sentidos atentos a sinais de mudança, sejam eles na sociedade, no comportamento das pessoas, na mobilidade urbana ou em outros segmentos para muito além do jornalismo.

Ficou claro no decorrer deste material, por meio dos estudos de caso apresentados, que empreender é, sem dúvida, para os fortes, resilientes, ou seja, aqueles que conseguem ficar em equilíbrio ao ouvir diversos *não* antes de obter um *sim*.

Sob essa ótica, aos jornalistas que estão em formação, é necessário ir além das fronteiras do tradicional campo de atuação, buscando conhecimento multidisciplinar, de gestão de empresa a finanças, de *coaching* e *mentoring* a técnica de vendas, de *marketing* digital e métricas a robótica. Tudo isso, em conjunto, no futuro, fará a diferença para a formação desses empreendedores. Assim, abrace todas as oportunidades que baterem à sua porta, mesmo que sejam em outras áreas, porque a experiência acumulada pode servir como instrumento de trabalho.

No decorrer desta obra, apresentamos muitas narrativas de jornalistas que encontraram seu empreendimento. Outros, no entanto, seguem enfrentando o desafio de rentabilizar seus negócios. Há ainda aqueles que transformaram suas vocações em negócios de sucesso. O ponto em comum a todos os profissionais abordados é o propósito de se manter na área, mas em um novo formato, ou seja, tratando de conteúdo, informação, comunicação, relacionamentos, apuração e liberdade de expressão. Acima de tudo, todos evidenciaram a paixão pelo jornalismo, por contar histórias e pelas pessoas.

As relações humanas sempre serão o elo que conecta os jornalistas, independente da forma. Por isso, eles estão sempre adotando novas próteses comunicativas; mas a essência de cada jornalista permanece a mesma: a capacidade de ser flexível.

Assim, sua aposta sempre deve ser sempre pelo otimismo. São especialistas em contar histórias, transformar palavras em emoção, buscar o diferencial para marcas, atuar na raiz dos problemas comunicacionais. Eles têm *feeling*, intuição e criatividade. Tudo isso são ferramentas de trabalho de que o mundo necessita. Precisam, enfim, ouvir seu "eu" mais profundo para construírem uma proposta de valor.

Esperamos, por fim, que esta obra contribua para os debates sobre empreendedorismo para jornalistas. E temos a esperança de que daqui brotem iniciativas para que os profissionais possam fazer de sua paixão um negócio próprio. Desejamos que este livro lhe seja uma fonte de inspiração, não só pelas histórias narradas, mas também pela oportunidade de lhe proporcionar o crescimento necessário para que você dê seus primeiros passos rumo à criação de um empreendimento.

Glossário

Commodity – Expressão de origem inglesa que significa "mercadoria". Seu uso geralmente está atrelado ao setor agrícola (ex.: o arroz é uma *commodity*). O termo foi adotado pela administração para tratar de produtos ou serviços de massa com baixa diferenciação de mercado, obrigando os empresários a criar evidências que tornem tais produtos melhores do que os dos concorrentes.

Crowdfunding – Financiamento de uma iniciativa por parte de um grupo, pequeno ou grande, de pessoas que investem recursos financeiros para viabilizar ideias e projetos.

Headhunting – Pessoa ou empresa especializada na procura de profissionais ou executivos talentosos que estejam disponíveis para uma transição de emprego no mercado de trabalho.

Longform – Estilo jornalístico para definir o tratamento mais longo e aprofundado de um tema. O conceito foi revisitado na comunicação digital, especialmente no jornalismo *on-line*. O texto longo se destaca não apenas pelo formato, mas também pela apuração, contextualização e aprofundamento.

Mentoria – Trabalho que se caracteriza pela orientação de um profissional, indicando seu foco de atuação no mercado de trabalho para a melhoria contínua.

Pitch – Apresentação resumida, que leva de três a cinco minutos, sobre determinado empreendimento, com o objetivo de despertar o interesse de possíveis investidores. Geralmente é utilizado pelas *startups* para obter financiamento no projeto.

Publicidade nativa – Tipo de propaganda que se encaixa no formato e na narrativa da publicação de origem, como se fosse um conteúdo editorial, mas com clara intenção comercial.

Referências

AÇÃO INTEGRADA. **O que a média liderança tem a dizer sobre CI?** Disponível em: <http://acaointegrada.com.br/2016/10/04/o-que-a-media-lideranca-tem-a-dizer-sobre-ci>. Acesso em: 15 out. 2019.

AÇÃO INTEGRADA; SOCIAL BASE. **Pesquisa tendências**: como será a comunicação interna nas empresas brasileiras em 2018? 2018. Disponível em: <https://d335luupugsy2.cloudfront.net/cms%2Ffiles%2F38%2F1528230243ebook-pesquisa-tendencias-comunicacao-2018_corrigido.pdf?utm_campaign=resposta_automatica_da_landing_page_highlander_pesquisa_tendencias_de_ci_-_2018_-_acaointegrada&utm_medium=email&utm_source=RD+Station>. Acesso em: 15 out. 2019.

AGÊNCIA SEBRAE DE NOTÍCIAS. Brasil é o país mais empreendedor do Brics. **Pequenas Empresas & Grandes Negócios**, 21 nov. 2016. Disponível em: <https://revistapegn.globo.com/Empreendedorismo/noticia/2016/11/brasil-e-o-pais-mais-empreendedor-do-brics.html>. Acesso em: 18 out. 2019.

ALMEIDA, M. Veja quem são os mais ricos do mundo em 2019, segundo a Forbes. **Exame**, 5 mar. 2019. Negócios. Disponível em: <https://exame.abril.com.br/negocios/veja-quem-sao-os-mais-ricos-do-mundo-em-2019-segundo-a-forbes/>. Acesso em: 4 nov. 2019.

ANDERSON, C. **A cauda longa**. São Paulo: Elsevier, 2008.

ARBEX, G. et al. 10 maiores bilionários do Brasil em 2017. **Forbes**, 31 ago. 2017. Disponível em: <https://forbes.uol.com.br/listas/2017/08/10-maiores-bilionarios-do-brasil-em-2017/>. Acesso em: 14 out. 2019.

ARINS, B. **6 dados sobre os impactos da boa gestão de clima organizacional**. 22 ago. 2019. Disponível em: <https://gptw.com.br/conteudo/artigos/dados-sobre-impactos-gestao-de-clima/>. Acesso em: 18 out. 2019.

ASSAD, A. **Entrevista concedida a Ana Paula Pinto de Carvalho**. Curitiba, 7 maio 2019.

AVENI, A.; PINTO, L. F. S. Crowdfunding: o modelo canvas do site Catarse. **Revista Eletrônica Gestão & Saúde**, v. 4, n. 3, p. 3380-3396, 2014. Disponível em: <http://periodicos.unb.br/index.php/rgs/article/view/2484/2212>. Acesso em: 18 out. 2019.

BARBEIRO, H; LIMA, P. R de. **Manual de jornalismo para rádio, TV e novas mídias**. Rio de Janeiro: Elsevier, 2013.

BARBOSA, M. Conteúdo patrocinado é saída para tornar marca relevante, diz Susini. **Folha de S.Paulo**, 4 maio 2016. Disponível em: <https://www1.folha.uol.com.br/mercado/2016/05/1767480-conteudo-patrocinado-e-saida-para-tornar-marca-relevante-diz-susini.shtml>. Acesso em: 18 out. 2019.

BARROS, R. **Afinal, qual a diferença entre o coach, mentor e headhunter? Como eles podem te ajudar?**. 12 set. 2014. Disponível em: <http://www.administradores.com.br/artigos/carreira/afinal-qual-a-diferenca-entre-o-coach-mentor-e-headhunter-como-eles-podem-te-ajudar/80850>. Acesso em: 15 out. 2019.

BARWINSKI, L. **Entrevista concedida a Ana Paula Pinto de Carvalho**. Curitiba, 15 maio 2018.

BERGAMO, A.; MICK, J.; LIMA, S. **Quem é o jornalista brasileiro?**: perfil da profissão no país. 2012. Disponível em: <http://perfildojornalista.ufsc.br/files/2013/04/Perfil-do-jornalista-brasileiro-Sintese.pdf>. Acesso em: 15 out. 2019.

BILLIONAIRES: the Richest People in the World. **Forbes**, 5 mar. 2019. Disponível em: <https://www.forbes.com/billionaires/#12d3f053251c>. Acesso em: 4 nov. 2019.

BOND, W. J. **Voo solo**: criando e conduzindo uma empresa de consultoria. São Paulo: Nobel, 1999.

BRASIL. Lei Complementar n. 123, de 14 de dezembro de 2006. **Diário Oficial da União**, Poder Legislativo, Brasília, DF, 15 dez. 2006. Disponível em: <http://www.planalto.gov.br/ccivil_03/leis/lcp/lcp123.htm>. Acesso em: 18 out. 2019.

BRASIL. Ministério da Economia. Instituto Nacional da Propriedade Industrial. Disponível em: <http://www.inpi.gov.br>. Acesso em: 18 out. 2019a.

BRASIL. Portal do empreendedor-MEI. **Qual o valor das contribuições mensais (Carnê do MEI-DAS) para o ano de 2019?** Disponível em: <http://www.portaldoempreendedor.gov.br/duvidas-frequentes/6-pagamento-de-obrigacoes-mensais/6.4-caso-o-mei-receba-o-carne-da-cidadania-mas-ja-recolheu-a-guia-de-pagamento-das-como-proceder>. Acesso em: 26 set. 2019b.

BRASIL. Resolução CGSN n. 78, de 13 de setembro de 2010. **Diário Oficial da União**, Brasília, DF, 15 set. 2010. Disponível em: <http://normas.receita.fazenda.gov.br/sijut2consulta/link.action?idAto=33140&visao=anotado>. Acesso em: 26 set. 2019.

BRIDGES, W. **Um mundo sem empregos**. São Paulo: M. Books, 1995.

BRIO. Disponível em: <https://briohunter.org/>. Acesso em: 15 out. 2019.

BUENO, W. da C. **Comunicação empresarial**: alinhando teoria e prática. Barueri: Manole, 2014a.

____. **Comunicação empresarial**: da rádio peão às mídias sociais. São Bernardo do Campo: Metodista, 2014b.

BULL, A. **Brand Journalism**. New York: Routledge, 2013.

____. **How McDonald's Invented Brand Journalism, and how Brand Journalism Saved McDonald's**. Disponível em: <http://www.brand-journalism.co.uk>. Acesso em: 18 out. 2019.

BURKE, P. **Uma história social do conhecimento**: de Gutenberg a Diderot. Rio de Janeiro: Zahar, 2003.

CIPRIANI, F. **Blog corporativo**: aprenda como melhorar o relacionamento com seus clientes e fortalecer a imagem da sua empresa. São Paulo: Novatec, 2006.

COHEN, N. S. Jornalismo empreendedor e o estado precário do trabalhador midiático. **Parágrafo**, v. 5, n. 1, p. 129-145, jan./jun. 2017. Disponível em: <http://revistaseletronicas.fiamfaam.br/index.php/recicofi/article/download/568/512>. Acesso em: 15 out. 2019.

CONVERSION. **Link Building**. Disponível em: <https://www.conversion.com.br/otimizacao-de-sites-seo/link-building/>. Acesso em: 26 set. 2019.

COSTA, I.; ALAHMAR, L. **O ateísmo da notícia**. 2017. Disponível em: <http://interbrand.com/br/best-brands/best-brazilian-brands/2017/articles/informacao/>. Acesso em: 15 out. 2019.

COSTA, S. T. **Entrevista concedida a Ana Paula Pinto de Carvalho**. Curitiba, 15 maio 2018.

COVEY, S. **Os 7 hábitos das pessoas altamente eficazes**. Rio de Janeiro: Best Seller, 1989.

CURITIBA. **Portal de Serviços**. Disponível em: <http://www.curitiba.pr.gov.br/servicos/empresa>. Acesso em: 18 out. 2019.

DIAMANDIS, P. H. Ray Kurzweil's Wildest Prediction: Nanobots Will Plug Our Brains Into the Web by the 2030s. **SingularityHub**, 12 out. 2015. Disponível em: <https://singularityhub.com/2015/10/12/ray-kurzweils-wildest-prediction-nanobots-will-plug-our-brains-into-the-web-by-the-2030s>. Acesso em: 26 set. 2019.

DORNELAS, J. C. A. **Empreendedorismo corporativo**: como ser empreendedor, inovar e se diferenciar na sua empresa. Rio de Janeiro: Elsevier, 2008.

DRUCKER, P. **Introdução à administração**. São Paulo: Pioneira, 1998.

ELMOR, S. **Entrevista concedida a Ana Paula Pinto de Carvalho**. Curitiba, 4 jun. 2018.

ERTHAL, F. **Entrevista concedida a Ana Paula Pinto de Carvalho**. Curitiba, 3 jun. 2018.

EUGÊNIO, M. **Pirâmide de Maslow**: a importância da teoria para o seu negócio. 20 abr. 2016. Disponível em: <http://www.dlojavirtual.com/dicas-para-o-seu-negocio/piramide-de-maslow>. Acesso em: 26 set. 2019.

FENAJ – Federação Nacional dos Jornalistas. **Pisos salariais atuais**. Disponível em: <http://fenaj.org.br/sindicatos/convencoes-e-acordos-coletivos/pisos-salariais-atuais>. Acesso em: 14 out. 2019.

FERNANDES, A. L. **Jornalismo**: especialização e segmentação. Curitiba: InterSaberes, 2017.

FERREIRA, M. Lorrana Scarpioni, a brasileira que ganha dinheiro com tempo livre. **Época**, 19 maio 2014. Disponível em: <https://epocanegocios.globo.com/Inspiracao/Carreira/noticia/2014/05/lorrana-scarpioni-brasileira-que-ganha-dinheiro-com-tempo-livre.html>. Acesso em: 26 set. 2019.

GABRIEL, M. **Marketing na era digital**. São Paulo: Novatec, 2010.

GIANNINI, P. **Entrevista concedida a Ana Paula Pinto de Carvalho**. Curitiba, 27 abr. 2018.

GLAMURAMA. **Netflix anuncia reality séries sobre a rotina de jornalistas do BuzzFeed News**. 26 abr. 2018. Disponível em: <https://glamurama.uol.com.br/netflix-anuncia-reality-series-sobre-a-rotina-de-jornalistas-do-buzzfeed-news>. Acesso em: 26 set. 2019.

GONTIJO, S. **O livro de ouro da comunicação**. Rio de Janeiro: Ediouro, 2004.

GRAY, A. The 10 Skills you need to thrive in the Fourth Industrial Revolution. **World Economic Forum**, 19 Jan 2016. Disponível em: <https://www.weforum.org/agenda/2016/01/the-10-skills-you-need-to-thrive-in-the-fourth-industrial-revolution>. Acesso em: 26 set. 2019.

HAJKOWICZ, S. et al. **Tomorrow's Digitally Enabled Workforce**. jan. 2016. Disponível em: <http://www.csiro.au/~/media/D61/Files/16-0026_DATA61_REPORT_TomorrowsDigiallyEnabledWorkforce_WEB_160204.pdf?la=en>. Acesso em: 27 set. 2019.

HOLGATE, P. **How I Built a More Emotionally Intelligent Work Culture Than Me**. 12 set. 2017. Disponível em: <https://www.fastcompany.com/40505310/how-i-built-a-more-emotionally-intelligent-work-culture-than-me>. Acesso em: 18 out. 2019.

HUFFINGTON POST. Disponível em: <https://www.huffpostbrasil.com/>. Acesso em: 27 set. 2019.

IBGE – Instituto Brasileiro de Geografia e Estatística. Concla – Comissão Nacional de Classificação. Disponível em: <https://cnae.ibge.gov.br/>. Acesso em: 3 out. 2019.

JENKINS, H.; GREEN, J.; FORD, S. **Cultura da conexão**: criando valor e significado por meio da mídia propagável. São Paulo: Aleph, 2014.

JORNALISTAS demitidos. Disponível em: <https://docs.google.com/spreadsheets/d/12TIuxaVN-_nAE6ZrX2lveuIDdx9Xr4zKddV9KAJqAxY/pubhtml#>. Acesso em: 14 out. 2019.

KEEN, A. **O culto do amador**: como blogs, MySpace, YouTube e a pirataria digital estão destruindo nossa economia, cultura e valores. Rio de Janeiro: Zahar, 2009.

KIM, W. C.; MAUBORGNE, R. **A estratégia do oceano azul**: como criar novos mercados e tornar a concorrência irrelevante. Rio de Janeiro: Sextante, 2018.

KUNSCH, M. M. K. **Planejamento de relações públicas na comunicação integrada**. São Paulo: Summus, 2003.

KUNSCH, M. M. K. (Org.). **Obtendo resultados com relações públicas**. São Paulo: Pioneira Thomson Learning, 2001.

LALOUX, F. **Reinventando as organizações**: um guia para criar organizações inspiradas no próximo estágio da consciência humana. Curitiba: Voo, 2017.

LIGHT, L. **Brand Journalism is a Modern Marketing Imperative**. July 21st 2014. Disponível em: <http://adage.com/article/guest-columnists/brand-journalism-a-modern-marketing-imperative/294206>. Acesso em: 16 out. 2019.

LIPOVETSKY, G.; SERROY, J. **A cultura-mundo**: resposta a uma sociedade desorientada. São Paulo: Companhia das Letras, 2011.

LONGHI, R. R.; WINQUES, K. **O lugar do longform no jornalismo online**: qualidade versus quantidade e algumas considerações sobre o consumo. Disponível em: <http://www.compos.org.br/biblioteca/compos-2015-3c242f70-9168-4dfd-ba4c-0b444ac7347b_2852.pdf>. Acesso em: 15 out. 2019.

LUPETTI, M. **Gestão estratégica da comunicação mercadológica**. São Paulo: Thomson Learning, 2007.

MARCONDES FILHO, C. **Ser jornalista**: a língua como barbárie e a notícia como mercadoria. São Paulo: Paulus, 2009.

MARKENINJÁ. **Entenda o que é Branded Content**. 9 set. 2016. Disponível em: <https://markeninja.com.br/entenda-o-que-e-branded-content-3/>. Acesso em: 27 set. 2019.

MARQUES, J. R. O que é coaching e mentoring? **Portal IBC**, 1º set. 2016. Disponível em: <http://www.ibccoaching.com.br/portal/coaching/o-que-e-coaching-e-mentoring/>. Acesso em: 27 set. 2019.

MASLOW, A. **Maslow no gerenciamento**. Rio de Janeiro: Qualitymark, 2000.

_____. **Motivation and Personality**. New York: Harper & Row, 1987.

MATIAS, A.; CIRENZA, T. **Aprendizados do ranking**. 2017. Disponível em: <https://www.interbrand.com/br/best-brands/best-brazilian-brands/2017/articles/aprendizados-do-ranking-das-marcas-brasileiras-mais-valiosas>. Acesso em: 27 set. 2019.

MATOS, G. G. de. **A cultura do diálogo**: uma estratégia de comunicação nas empresas. Rio de Janeiro: Elsevier, 2006.

_____. **Comunicação empresarial sem complicação**. São Paulo: Manole, 2008.

MAXIMIANO, A. C. A. **Empreendedorismo**. São Paulo: Pearson Prentice Hall, 2012.

MCCOMBS, M. **A teoria da agenda**: a mídia e a opinião pública. Petrópolis: Vozes, 2009.

MCQUAIL, D. **Teorias da comunicação de massa**. Porto Alegre: Penso, 2013.

MENDES, S. **Entrevista concedida a Ana Paula Pinto de Carvalho**. Curitiba, 20 maio 2018.

MEUS SERTÕES. Disponível em: <http://www.meussertoes.com.br/>. Acesso em: 15 out. 2019.

MIGUEL, P. S. **Entrevista concedida a Ana Paula Pinto de Carvalho**. Curitiba, 5 maio 2018.

MONTGOMERY, C. A.; PORTER, M. E. (Org.). **Estratégia**: a busca da vantagem competitiva. Rio de Janeiro: Campus, 1998.

MORAES, D. de. Agências alternativas em rede e democratização da informação na América Latina. In: MORAES, D. de; RAMONET, I.; SERRANO, P. **Mídia, poder e contrapoder**: da concentração monopólica à democratização da informação. São Paulo: Boitempo, 2013. p. 103-144.

MORAIS, R. S. de. **O profissional do futuro**: uma visão empreendedora. Barueri: Minha Editora, 2013.

NAPOL, I. **Mark Zuckerberg é um dos 10 homens mais ricos do mundo**. 1º set. 2015. Disponível em: <http://www.tecmundo.com.br/dinheiro/85717-mark-zuckerberg-10-homens-ricos-mundo.htm>. Acesso em: 14 out. 2019.

NETTO, I. **A notícia relevante**: o relacionamento entre empresa e imprensa sem mistério. São Paulo: Aberje, 2017.

NEWSPAPER ATLANTIC. Disponível em: <http://newspapersatlantic.ca/>. Acesso em: 27 set. 2019.

O'DONNELL, K. **Valores humanos no trabalho**: da parede para a prática. São Paulo: Gente, 2006.

OLIVEIRA, V. **Entrevista concedida a Ana Paula Pinto de Carvalho**. Curitiba, 2 jun. 2018.

OSTERWALDER, A.; PIGNEUR, Y. **Business Model Generation**: inovação em modelos de negócios. Rio de Janeiro: Alta Books, 2011.

PASTORE, M. **Entrevista concedida a Ana Paula Pinto de Carvalho**. Curitiba, 30 abr. 2018.

PERRIN, F. Automação vai mudar a carreira de 16 milhões de brasileiros até 2030. **Folha de S.Paulo**, 21 jan. 2018. Disponível em: <https://www1.folha.uol.com.br/mercado/2018/01/1951904-16-milhoes-de-brasileiros-sofrerao-com-automacao-na-proxima-decada.shtml>. Acesso em: 27 set. 2019.

PETERSON, H. **The 12 Jobs Most at Risk of Being Replaced by Robots**. 28 mar. 2017. Disponível em: <https://www.businessinsider.com/jobs-at-risk-of-being-replaced-by-robots-2017-3>. Acesso em: 14 out. 2019.

PISANI, F.; PIOTET, D. **Como a web transforma o mundo**: a alquimia das multidões. São Paulo: Senac, 2010.

PRIMO, A. **Interação mediada por computador**: comunicação, cibercultura, cognição. Porto Alegre: Sulina, 2007.

PROJETO DRAFT. **Media kit**. Disponível em: <https://projetodraft.com/mediakit.pdf>. Acesso em: 16 out. 2019.

PROPUBLICA. Disponível em: <https://www.propublica.org/>. Acesso em: 17 set. 2019.

PWC BRASIL. **Estudo da PwC analisa o impacto da tecnologia no mercado de trabalho até 2030**. Disponível em: <https://www.pwc.com.br/pt/sala-de-imprensa/noticias/estudo-pwc-analisa-impacto-da-tecnologia-no-mercado-de-trabalho-ate-2030.html>. Acesso em: 14 out. 2019.

RAINHO, J. M. **Jornalismo freelance**: empreendedorismo na comunicação. São Paulo: Summus, 2008.

RAMONET, I. A explosão do jornalismo na era digital. In: MORAES, D. de; RAMONET, I.; SERRANO, P. **Mídia, poder e contrapoder**: da concentração monopólica à democratização da informação. São Paulo: Boitempo, 2013. p. 85-102.

REDAÇÃO OLHAR DIGITAL. **Confira o ranking dos buscadores no Brasil**. 30 jan. 2015. Disponível em: <https://olhardigital.com.br/noticia/ranking-dos-buscadores-no-brasil/46539>. Acesso em: 27 set. 2019.

RÊGO, A. R. **Visibilidade empresarial**: da comunicação à reputação. São Paulo: All Print, 2015.

REIMAN, J. **Propósito**: por que ele engaja colaboradores, constrói marcas fortes e empresas poderosas. São Paulo: HSM Editora, 2013.

ROSA, M. **A reputação na velocidade do pensamento**. São Paulo: Geração, 2006.

ROTTER, A. **Entrevista concedida a Ana Paula Pinto de Carvalho**. Curitiba, 30 maio 2018.

SARASVATHY, S. D. What makes entrepreneurs entrepreneurial? Disponível em: <https://www.effectuation.org/sites/default/files/research_papers/what-makes-entrepreneurs-entrepreneurial-sarasvathy_0.pdf>. Acesso em: 27 set. 2019.

SCHLEMM, M. **Entrevista concedida a Ana Paula Pinto de Carvalho**. Curitiba, 28 maio 2018.

SCHNEIDER, E. I.; BRANCO, H. J. C. **A caminhada empreendedora**: a jornada de transformação de sonhos em realidade. Curitiba: InterSaberes, 2012.

SEBRAE. **Entenda o que é crowdfunding**. 13 set. 2019a. Disponível em: <http://www.sebrae.com.br/sites/PortalSebrae/artigos/entenda-o-que-e-crowdfunding,8a733374edc2f410VgnVCM1000004c00210aRCRD>. Acesso em: 27 set. 2019.

_____. **Ferramenta**: análise SWOT (clássico). Disponível em: <http://www.sebrae.com.br/Sebrae/Portal%20Sebrae/Anexos/ME_Analise-Swot.PDF>. Acesso em: 16 out. 2019b.

SHIRKY, C. **A cultura da participação**: criatividade e generosidade no mundo conectado. Rio de Janeiro: Zahar, 2011.

SILVA, A. **Entrevista concedida a Ana Paula Pinto de Carvalho**. Curitiba, 2 maio 2018.

_____. **Pequeno manifesto sobre o atual estado de coisas para quem vive de produzir conteúdo**. 29 jun. 2016. Disponível em: <https://projetodraft.com/pequeno-manifesto-sobre-o-atual-estado-de-coisas-para-quem-vive-de-produzir-conteudo>. Acesso em: 27 set. 2019.

SILVA FILHO, S. G. F. da. **Descubra quais são as principais fontes de inovação**. 13 out. 2015. Disponível em: <http://www.innoscience.com.br/descubra-quais-sao-as-principais-fontes-de-inovacao/>. Acesso em: 27 set. 2019.

SILVA, I. **Principais agências checadoras de notícias do Brasil**: fact-checkings. 10 nov. 2017. Disponível em: <https://iasminverly.wixsite.com/checarchecando/single-post/2017/11/10/Principais-ag%C3%AAncias-checadoras-de-not%C3%ADcias-do-Brasil---Fact-Checkings>. Acesso em: 17 out. 2019.

SILVA, P. O. da. **Entrevista concedida a Ana Paula Pinto de Carvalho**. Curitiba, 28 maio 2018.

SINEK, S. **Por quê?**. São Paulo: Saraiva, 2012.

SIRKKUNEN, E.; COOK, C. (Ed.). **Chasing Sustainability on the Net**. 2012. Disponível em: <http://tampub.uta.fi/bitstream/handle/10024/66378/chasing_sustainability_on_the_net_2012.pdf?sequence=1&isAllowed=y>. Acesso em: 27 set. 2019.

SOARES, P. H. L.; GÁUDIO, R. D. **Sem megafone, com smartphone**: práticas, desafios e dilemas da comunicação com os empregados. São Paulo: Aberje, 2017.

SOCIAL BASE. **A comunicação interna da sua empresa está preparada para 2017?** Disponível em: <http://materiais.socialbase.com.br/pesquisa-comunicacao-interna-2017>. Acesso em: 27 set. 2019.

SOLOMON, B. **Airbnb Closes $1 Billion Round to Keep Delaying IPO**. 9 mar. 2017. Disponível em: <https://www.forbes.com/sites/briansolomon/2017/03/09/airbnb-closes-1-billion-round-to-keep-delaying-ipo/#2e08f947643d>. Acesso em: 27 set. 2019.

SPINA, C. **Como elaborar um pitch (quase) perfeito**. 16 ago. 2012. Disponível em: <https://endeavor.org.br/dinheiro/como-elaborar-um-pitch-quase-perfeito/>. Acesso em: 14 out. 2019.

STONE, B. **As upstarts**: como a Uber, o Airbnb e as *killers companies* do novo Vale do Silício estão mudando o mundo. Rio de Janeiro: Intrínseca, 2017.

TERRA, C. F. **Blogs corporativos**: modismo ou tendência? São Caetano do Sul: Difusão, 2008.

THE FACTORY. Disponível em: <http://thefactory.co/>. Acesso em: 27 set. 2019.

THE NEW YORK TIMES. **Innovation Report**. 24 mar. 2014. Disponível em: <https://www.presscouncil.org.au/uploads/52321/ufiles/The_New_York_Times_Innovation_Report_-_March_2014.pdf>. Acesso em: 2 out. 2019.

TOMEI, P; LANZ, L. **Confiança nas organizações**: como gerenciar a confiança interpessoal, organizacional e interorganizacional. Rio de Janeiro: Elsevier; PUC-Rio, 2015.

TORRES, V. **Tabela do Simples Nacional 2019**: completa. 29 nov. 2017. Disponível em: <https://www.contabilizei.com.br/contabilidade-online/tabela-simples-nacional-completa>. Acesso em: 27 set. 2019.

VIANA, F. **Comunicação empresarial de A a Z**: temas úteis para o cotidiano e o planejamento estratégico. São Paulo: CLA, 2004.

VIANA, N. Os dez mandamentos do financiamento coletivo para jornalistas, baseados nas campanhas de sucesso da Agência Pública. **Knight Center for Journalism in the Americas**, 24 abr. 2018. Disponível em: <https://knightcenter.utexas.edu/pt-br/blog/00-19578-os-dez-mandamentos-do-financiamento-coletivo-para-jornalistas>. Acesso em: 27 set. 2019.

VILLAS BÔAS, B. Maioria das empresas fecha as portas após cinco anos, diz IBGE. **Valor Econômico**, 4 out. 2017. Disponível em: <https://www.valor.com.br/brasil/5144808/maioria-das-empresas-fecha-portas-apos-cinco-anos-diz-ibge>. Acesso em: 27 set. 2019.

VON EGGERT, N. S. **Entrevista concedida a Ana Paula Pinto de Carvalho.** Curitiba, 15 maio 2019.

WEBINSIDER. **Entenda o que é mídia programática e como ela pode ajudar seu negócio.** Disponível em: <https://webinsider.com.br/o-que-e-midia-programatica>. Acesso em: 16 maio 2019.

WESLEY, S. **Entrevista concedida a Ana Paula Pinto de Carvalho.** Curitiba, 23 maio 2018.

WOLTON, D. **Internet, e depois?**: uma teoria crítica das novas mídias. Porto Alegre: Sulina, 2012.

ZARZALEJOS, J. A. Comunicação, jornalismo e 'fact-checking'. **Revista Uno**, n. 27, mar. 2017. Disponível em: <https://www.revista-uno.com.br/numero-27/comunicacao-jornalismo-e-fact-checking/>. Acesso em: 17 out. 2019.

Apêndices

Exemplo de contrato social

(NOME DA EMPRESA)
(natureza jurídica)
CNPJ _____
NIRE _____
(**Nome completo**), brasileira, maior, jornalista, solteira, portadora da carteira de identidade RG n. _____ SSP-PR, inscrita no Cadastro de Pessoa Física do Ministério da Fazenda – CPF/MF sob o n. _____, natural da cidade de Curitiba, no Estado do Paraná, e nascida em ____/____/_____, residente e domiciliada na (**endereço completo**).
Única sócia da empresa (**nome da empresa**), com sede na (**endereço completo**), registrada na Junta Comercial de Curitiba/PR, sob o NIRE _____ e inscrita no CNPJ sob o n. _____. Resolve, na melhor forma de direito e consoante com o artigo 1.033 e 980-A da Lei n. 10.406/2002, e em conformidade com a Lei n. 12.441/2011, alterar e transformar o Contrato Social da empresa, conforme as cláusulas seguintes:

CLÁUSULA 1ª
Fica transformada esta sociedade em (**natureza jurídica**), sob o nome empresarial de (**nome da empresa**), com sub-rogação de todos os direitos e obrigações pertinentes.

CLÁUSULA 2ª
O capital social da empresa se mantém na quantia de R$ _____ _____ (**valor por extenso**), totalmente integralizado em moeda nacional, que nesta data passa a constituir o capital social da empresa (**nome da empresa**)

CLÁUSULA 3ª
Para tanto, passa a transcrever, na íntegra, o ato constitutivo da referida (**natureza jurídica**), com o teor a seguir:

A presente (**natureza jurídica**) girará sob o nome empresarial de (**nome da empresa**), com sede na (**endereço completo**), com inscrição no CNPJ sob n. _____, podendo, a qualquer tempo, a critério de seu titular, abrir ou fechar filiais, em qualquer parte do território nacional.

CLÁUSULA 4ª
A sociedade tem por objeto social: edição de livros e prestação de serviços na área de informação.

CLÁUSULA 5ª

O prazo de duração é por tempo indeterminado. É garantida a continuidade da pessoa jurídica diante do impedimento por força maior ou impedimento temporário ou permanente do titular, podendo a empresa ser alterada para atender a uma nova situação.

CLÁUSULA 6ª

O capital social é de R$ _____ (**valor por extenso**), o qual está totalmente integralizado em moeda corrente nacional do país.

CLÁUSULA 7ª

A empresa será administrada pelo titular (**nome da pessoa**), a quem caberá, dentre outras atribuições, a representação ativa e passiva, judicial e extrajudicial da (**natureza jurídica**), sendo a responsabilidade do titular limitada ao capital integralizado.

CLÁUSULA 8ª

O término de cada exercício social será encerrado em 31 de dezembro do ano civil, com a apresentação do balanço patrimonial e resultado econômico do ano fiscal.

CLÁUSULA 9ª

Declara o titular da (**natureza jurídica**), para os devidos fins e efeitos de direito, que ele próprio não participa de nenhuma outra pessoa jurídica dessa modalidade.

CLÁUSULA 10

Fica eleito o foro _____, em Curitiba, Estado do Paraná, para resolver quaisquer litígios oriundos do presente Ato Constitutivo de (**natureza jurídica**).

Curitiba, _____ de _____ de _____.

_____
(**Nome da pessoa**)

_____
(**Nome da testemunha**)

Exemplo de contrato de prestação de serviços: modelo 1

(**Nome da empresa**)
Contrato de prestação de serviços de assessoria de imprensa
Pelo presente contrato de prestação de serviços de (**tipo de serviço**), de um lado (**nome da empresa**), pessoa jurídica de direito privado, com sede na (**endereço completo**), devidamente inscrita no Cadastro Nacional de Pessoas Jurídicas sob o n. ____ _____, inscrição estadual isenta, doravante denominada **CONTRATADA**, e de outro (**nome da empresa**), com sede na (**endereço completo**), devidamente inscrita no Cadastro Nacional de Pessoas Jurídicas sob o n. _____, inscrição estadual isenta, doravante denominada **CONTRATANTE**, têm justo e acertado o presente, com as seguintes cláusulas e condições:

CLÁUSULA PRIMEIRA
A **CONTRATADA** se compromete a prestar serviços de assessoria de imprensa e divulgação, seguindo os princípios e o sistema metodológico mais adequado de divulgação da **CONTRATANTE**.
Parágrafo Primeiro – O trabalho em assessoria de imprensa e divulgação consiste em:
1 – Reuniões para tratar de assuntos e temas relevantes que possam se transformar em notícia;

2 – Produção e envio de *releases* à imprensa;

3 – Elaboração de *clipping* impresso (coletânea de matérias publicadas em mídia impressa e internet), à exceção de veículos nacionais, cujo *clipping* é terceirizado e o orçamento elaborado para apreciação da diretoria;

4 – Visita e acompanhamento de membros da diretoria às redações dos veículos de comunicação local;

5 – Acompanhamento de eventos promovidos pelo contratante.

CLÁUSULA SEGUNDA

Caberá à **CONTRATADA** a elaboração de estratégias de comunicação e que serão executadas pela equipe de jornalismo.

Parágrafo único – As entrevistas e a elaboração de *releases* deverão ter a aprovação da diretoria da **CONTRATANTE** para posterior envio às redações, e o planejamento das ações em divulgação, da mesma forma, será previamente informado pela **CONTRATADA** à **CONTRATANTE**.

CLÁUSULA TERCEIRA

Caberá à **CONTRATADA** o monitoramento das notícias veiculadas pela mídia e a composição de *clipping* impresso, que é enviado por *e-mail* à **CONTRATANTE** na medida em que as matérias vão sendo publicadas.

Parágrafo Primeiro – Havendo necessidade de solicitar jornais, revistas ou outro tipo de mídia impressa nacional que porventura tenha veiculado notícias, as despesas de custeio deverão ser cobertas pela **CONTRATANTE**.

Parágrafo Segundo – O *clipping* eletrônico, composto por material veiculado em televisões e rádios, é terceirizado, cabendo à **CONTRATADA** a responsabilidade pela cotação em empresa especializada e a apresentação desta cotação ao **CONTRATANTE** para aprovação.

CLÁUSULA QUARTA

Pelos serviços a serem prestados e anteriormente descritos, a **CONTRATANTE** pagará à **CONTRATADA** o valor de R$ _____ _____ (**valor por extenso**), da seguinte forma: depósito bancário em conta corrente a ser efetuado no dia 05 de cada mês. Os dados cadastrais para efeitos de depósito serão repassados após a assinatura do contrato.

CLÁUSULA QUINTA

Nos valores a serem pagos pela **CONTRATANTE**, **não estão incluídos** serviços opcionais, bem como a elaboração do *clipping* impresso nacional, conforme estipulado no parágrafo primeiro da cláusula primeira, e *clipping* eletrônico, conforme parágrafo segundo da cláusula terceira do presente contrato.

CLÁUSULA SEXTA

O não cumprimento de quaisquer das obrigações assumidas nas datas aprazadas constitui em mora para a **CONTRATANTE**, independentemente de qualquer aviso ou notificação.

Parágrafo primeiro – O pagamento de valores após as datas previstas acarretará na incidência de multa de 2% (dois por cento) sobre o total em atraso, mais juros de mora de 1% ao mês. No caso de atraso e/ou não pagamento dos valores avençados, poderá ainda a **CONTRATADA** tomar medidas extrajudiciais e/ou judiciais cabíveis, arcando, neste caso, também o devedor, com os honorários advocatícios e demais despesas de cobrança.

CLÁUSULA SÉTIMA

A **CONTRATANTE** poderá pleitear a rescisão contratual, observadas as seguintes condições:

Parágrafo primeiro – O pedido de rescisão contratual deverá ser formalizado por escrito com no mínimo 30 dias de antecedência.

Parágrafo segundo – Os serviços prestados até a data da efetiva rescisão deverão ser pagos pela **CONTRATANTE**, conforme relatório apresentado pela **CONTRATADA**.

Parágrafo terceiro – A **CONTRATANTE** pagará, ainda, além do disposto no parágrafo anterior, a título de multa por rescisão contratual, o percentual de 10% sobre o valor do contrato.

CLÁUSULA OITAVA

O presente contrato passa a vigorar a partir de sua assinatura e tem validade de 01 (um) ano.

CLÁUSULA NONA

Os casos omissos serão resolvidos com fundamento na legislação pertinente ao assunto e de acordo com a lei civil e demais diplomas pertinentes.

CLÁUSULA DÉCIMA

E, por estarem assim justos e contratados, elegem o foro da Comarca de Curitiba para dirimir as pendências que surgirem em decorrência deste instrumento. Declaram, ainda, ter lido todo o contrato acima e estar de acordo com todas suas cláusulas, datam e assinam o presente na presença das testemunhas adiante consignadas, comprometendo-se ao seu fiel cumprimento.

Curitiba, _____ de _____ de _____ .

_____
(Nome da contratada)

_____
(Nome da contratante)

Exemplo de contrato de prestação de serviços: modelo 2

A (**nome da empresa**), com sede na (**endereço completo**), CNPJ _____ , inscrição estadual isenta, doravante denominada CONTRATADA, e (**nome da empresa**), com sede na (**endereço completo**), CNPJ _____ , inscrição estadual isenta, doravante denominada CONTRATANTE, celebram o presente CONTRATO DE PRESTAÇÃO DE SERVIÇOS, o qual será regido pelas cláusulas e condições adiante estabelecidas.

CLÁUSULA PRIMEIRA
A CONTRATADA se compromete a prestar serviços de consultoria em comunicação, seguindo os princípios e o sistema metodológico mais adequado de divulgação da CONTRATANTE.

Parágrafo primeiro – O trabalho consiste em:
1. Participação em reuniões para tratar de assuntos e temas relevantes que possam se transformar em notícia;
2. Produção de *releases* para a mídia especializada;
3. Acompanhamento de eventos promovidos pelo contratante e também aqueles para os quais ele for convidado;
4. Elaboração, edição e revisão da *newsletter* da entidade;
5. Suporte para redigir discursos ao presidente da entidade em eventos oficiais.

CLÁUSULA SEGUNDA

Caberá à CONTRATADA a elaboração de estratégias de comunicação que serão executadas pela equipe de jornalismo.

Parágrafo primeiro – Os *releases* produzidos deverão ter o aval da diretoria para posterior encaminhamento à mídia.

CLÁUSULA TERCEIRA

Pelos serviços a serem prestados e anteriormente descritos, a CONTRATANTE pagará à CONTRATADA o valor de R$ _____ (**valor por extenso**), da seguinte forma: depósito bancário em conta corrente a ser efetuado no dia 05 de cada mês. Seguem dados cadastrais para efeitos de depósito:

Banco _____

Agência _____

C/C _____

CLÁUSULA QUARTA

Nos valores a serem pagos pela CONTRATANTE não estão incluídos serviços opcionais, como *clipping*.

CLÁUSULA QUINTA

O não cumprimento de quaisquer das obrigações assumidas nas datas aprazadas constitui em mora para a CONTRATANTE, independentemente de qualquer aviso ou notificação.

Parágrafo primeiro – O pagamento de valores após as datas previstas acarretará na incidência de multa de 2% (dois por cento) sobre o total em atraso, mais juros de mora de 1% (um por cento) ao mês.

CLÁUSULA SEXTA

A CONTRATANTE poderá pleitear a rescisão contratual, observadas as seguintes condições:

Parágrafo primeiro – O pedido de rescisão contratual deverá ser formalizado por escrito com no mínimo 30 dias de antecedência.

Parágrafo segundo – Os serviços prestados até a data da efetiva rescisão deverão ser pagos pela CONTRATANTE, conforme relatório apresentado pela CONTRATADA.

Parágrafo terceiro – A CONTRATANTE pagará, ainda, além do disposto no parágrafo anterior, a título de multa por rescisão contratual, o percentual de 10% sobre o valor do contrato.

CLÁUSULA SÉTIMA

O presente contrato passa a vigorar a partir de sua assinatura com validade de 01 (um ano).

CLÁUSULA OITAVA

Os casos omissos serão resolvidos com fundamento na legislação pertinente ao assunto e de acordo com a lei civil e demais diplomas pertinentes.

CLÁUSULA NONA

E, por estarem assim justos e contratados, elegem o foro da Comarca de Curitiba para dirimir as pendências que surgirem em decorrência deste instrumento. Declaram, ainda, ter lido todo o contrato acima e estar de acordo com todas suas cláusulas, datam e assinam o presente na presença de testemunhas adiante consignadas, comprometendo-se ao seu fiel cumprimento.

Curitiba, _____ de _____ de _____ .

_____

(Nome da contratada – cargo)
(Razão social da empresa)

_____

(Nome da contratada – cargo)
(Razão social da empresa)

Testemunhas:
_____
_____

Respostas

Capítulo 1

Questões para revisão

1. Algumas pesquisas da Singularity University, que recebe recursos de empresas como Google e Nasa, apontam que há empregos que ainda nem foram criados. Isso traz questões importantes quando mencionamos jornalismo e empreendedorismo. Há uma infinidade de oportunidades para quem tem curiosidade, vontade de empreender e perfil para gestão. Por isso, muito além da parte ferramental da profissão, precisamos abrir os olhos e a mente para esse novo momento em que nada está pronto e nem nos é entregue de maneira facilitada. Aliado ao jornalismo, hoje as competências inatas aos profissionais que escolheram seguir essa carreira estão em alta. São profissionais curiosos, com iniciativa e visão macro, e que agora precisam utilizar todas essas habilidades para criar seu próprio lugar ao sol. Não mais buscar o lugar, mas criá-lo é a ordem do novo milênio. E isso impõe um novo posicionamento, não apenas para os profissionais como também para o ensino-aprendizagem, que se volta muito mais à busca do que à passividade. Esse cenário, ao mesmo tempo que causa certa insegurança quanto ao futuro do jornalismo, traz também brechas e oportunidades de realização. Ao nos lançarmos à insegurança do momento, abrem-se possibilidades ampliadas de aliar paixão ao jornalismo e empreendedorismo, uma combinação antes inimaginável para os jornalistas, formatados para executar a linha editorial do empresário, dono do jornal, um empreendedor à custa do trabalho do jornalista. Então, por que ainda há pudor de colocar em uma mesma sentença jornalismo

e empreendedorismo? O presente nos abre possibilidades infinitas de aprofundar nosso conhecimento em gestão aliado ao jornalismo e fundar empresas próprias independentes dos grandes veículos de comunicação. Esse é o desafio.

2. A visão empreendedora consiste em levantar questionamentos que levam a medir e pesar todas as oportunidades, bem como a tomar decisões, ponderando-se os pontos positivos e os negativos de um empreendimento. É fundamental que o jornalista que pretende se desenvolver autonomamente cultive uma mentalidade que lhe garanta essa visão empreendedora.
3. c
4. a
5. d

Capítulo 2

Questões para revisão

1. A teoria da agenda (ou do agendamento), de Maxwell McCombs, aponta que os veículos de comunicação têm papel central diante do que o público vai discutir em suas rodas de conversa, o que de certa forma direciona aquilo que nós, como audiência, debatemos em sociedade. Esse fenômeno continua mais válido do que nunca, inclusive diante das mídias sociais, porque os maiores veículos de comunicação do país, ao divulgarem determinadas informações, conseguem que a audiência compartilhe as notícias e discussões. No entanto, também ocorre o fenômeno contrário, o que McCombs intitulou *agendamento reverso*, isto é, quando a mídia incorpora à sua pauta assuntos que ganharam evidência pelas redes sociais. Isso é notório quando a imprensa desmente determinadas *fake news* que circularam pelas redes sociais sem passar pelo crivo da imprensa. Portanto, há um modelo híbrido em andamento, em que ambos (sociedade e mídia) se influenciam mutuamente.

2. Até bem pouco tempo atrás, a informação era um território que pertencia à imprensa, e por isso ela tinha de estar no lugar certo, na hora certa. Era ela a mediadora entre a informação e o que era levado ao público. Era a *house keeper* da notícia, aquela que selecionaria, editaria e faria chegar ao público a notícia conforme seu ponto de vista. A internet veio quebrar essa lógica da indústria da informação, e qualquer *tsunami* do outro lado do mundo é antes informado ao público pelos moradores do que pela mídia, por meio de vídeos transmitidos por *smartphones* ou redes sociais. A informação é muito mais *one to one* do que massiva, pois há muito mais atores que se veem incumbidos de transmitir informação e nichos de audiência por todos os lados. E isso demandou mudanças que até hoje estão sendo absorvidas pela grande mídia, por meio de novos formatos e da necessidade de um jornalista multimídia e multifacetado, embora não remunerado diante dessa multiplicidade de trabalho incorporado a sua práxis. Por isso, o jornalista no mundo atual é relevante pela credibilidade que detém entre seu público e pela seriedade com a qual sustenta seus argumentos. Em tempos de dualidade e radicalismos, é cada vez maior o descrédito do jornalista, o que gera oportunidades também para que o profissional adote um posicionamento mais claro sobre sua visão de mundo, para agregar a audiência que se sintoniza com seus ideais. Muito acima da velha fórmula de imparcialidade, o jornalista de hoje confunde-se com um ativista que defende certos pontos de vista e consegue, com isso, atrair sua fatia de público, seu nicho de mercado. Assim, ocupa seu lugar ao sol, adquire patrocinadores e se torna, nesses novos tempos, um formador de opinião.
3. b
4. c
5. d

Capítulo 3

Questões para revisão

1. Um ambiente favorável à comunicação interna conta com líderes estratégicos, que se empenham em promover e consolidar a cultura do diálogo, são capazes de encorajar a manifestação de ideias e sugestões que podem originar inovações e identificam soluções altamente rentáveis para a empresa. Nesses casos, a rede informal, tida como vilã, pode se tornar mais um meio de integração entre os que atuam na empresa. Assim, dependerá da visão apreciativa do líder considerar os colaboradores como entes que estão buscando melhoria contínua. Se os profissionais têm ideias e estão autorizados a falar, a organização certamente poderá tirar bons resultados dessa prática.
2. O jornalista autônomo é praticamente dono de sua mão de obra. Portanto, pode alocar sua experiência em projetos como *freelancer* ou atuar em várias áreas, com trabalhos fixos ou temporários. Ele pode ser remunerado por *job* ou por hora técnica, dependendo do tamanho da demanda. Em especial na crise do emprego, que é irreversível no mundo todo, agora somos mais do que indivíduos: somos negócios, e as organizações não precisarão mais de tantos funcionários. Elas precisam, isso sim, de profissionais para determinados projetos, nos quais os jornalistas se encaixam.
3. a
4. c
5. b

Capítulo 4

Questões para revisão

1. Os *blogs* surgiram com a função utilitária de serem diários virtuais, geralmente feitos por adolescentes que queriam expor suas vidas, suas

preferências e seus cotidianos. Logo, ocorreu a apropriação dessa linguagem de diário para fins comerciais, e dessa reconfiguração se originaram os *digital influencers*, pessoas que não necessariamente são jornalistas, mas que detêm grande número de seguidores por tratarem de assuntos específicos e se tornarem, em certa medida, referência no que fazem e falam. Assim, os jornalistas passaram a também poder ocupar esse espaço. Dessa realidade surgiram os *blogs* profissionais especializados em finanças, em pequenas empresas, além de outros assuntos. Os influenciadores digitais, não só mantêm seus *blogs* profissionais, mas também usam outras ferramentas para disseminar informação, como as redes sociais. Em alguns casos, mantêm até estruturas profissionalizadas de contatos entre eles e marcas de renome, que se utilizam da influência desses profissionais para atingir determinado público.

2. Entre os diferenciais que fazem do jornalista um profissional capacitado para atuar com *marketing* de conteúdo, um deles se refere à formação para saber o que é notícia. Traduzindo essa competência para o *marketing* de conteúdo, o jornalista sabe tornar algo relevante. Além disso, ele é capaz de articular mais do que uma ideia, conseguindo fazer *links* entre as matérias e aumentando a navegabilidade para os internautas. Outro fator diferencial diz respeito à profundidade do assunto, uma vez que o jornalista sabe tratar dos temas de forma a extrair totalmente as informações que deles podem ser depreendidas. Ainda, o jornalista também tem capacidade natural para se adequar às normas de SEO, escrever de forma atrativa e utilizar palavras-chave para se referir a determinados conteúdos, a fim de que sejam encontrados pelos mecanismos de busca.
3. b
4. c
5. d

Capítulo 5

Questões para revisão
1. Resposta pessoal.
2. Resposta pessoal.
3. b
4. a
5. d

Capítulo 6

Questões para revisão
1. A Microempresa (ME) tem um faturamento bruto anual menor ou igual a R$ 360 mil, atendendo a um regime tributário que funciona de forma mais simples e unificada, denominado Simples Nacional. Já a Empresa de Pequeno Porte (EPP) tem um faturamento entre R$ 360 mil e R$ 4,8 milhões. Pode também ser enquadrada no regime do Simples Nacional, desde que não esteja exercendo atividades que são vedadas pela Lei Complementar n. 123, tais como as de corretora de valores, banco de investimentos, desenvolvimento ou comercial, sociedade de crédito, entre outras.
2. Trata-se de uma empresa representada por uma única pessoa física que, por sua vez, responde pela empresa integralmente. O nome comercial da empresa deve ser composto pelo nome civil do proprietário (ex.: José da Silva) e podem ser adicionadas outras palavras em referência à atividade da empresa ou um nome pelo qual ela seja conhecida no ambiente empresarial (nome fantasia). No caso de dívidas contraídas durante a existência da empresa, o proprietário responderá com seus bens pessoais e os do cônjuge (se estiver casado em regime de comunhão de bens total ou parcial).
3. c
4. a
5. a

Sobre a autora

Ana Paula Pinto de Carvalho é mestra em Comunicação pela Universidade Tuiuti do Paraná (UTP), possui MBA em Marketing pela Universidade Federal do Paraná (UFPR) e é graduada em Comunicação Social – Jornalismo também pela UFPR. Atualmente, é consultora nas áreas de comunicação e *marketing* e docente no curso de pós-graduação em Gestão da Comunicação Organizacional na FAE Business School.

Os papéis utilizados neste livro, certificados por instituições ambientais competentes, são recicláveis, provenientes de fontes renováveis e, portanto, um meio **respons**ável e natural de informação e conhecimento.

FSC
www.fsc.org
MISTO
Papel produzido a partir de fontes responsáveis
FSC® C103535

Impressão: Reproset
Agosto/2021